中国社会科学院国有经济研究智库 2020—2021 重点课题
"国有企业在构建新发展格局中的作用研究"资助成果

"国有企业与构建新发展格局"研究丛书

主编 ◎ 黄群慧 刘国跃

国有企业与建设现代产业体系

The Role of State-owned Enterprises in Modern Industrial System

李政 张炳雷 杨思莹 等著

中国社会科学出版社

图书在版编目（CIP）数据

国有企业与建设现代产业体系 / 李政等著 . —北京：中国社会科学出版社，2022.8

（"国有企业与构建新发展格局"研究丛书）

ISBN 978-7-5227-0075-5

Ⅰ.①国… Ⅱ.①李… Ⅲ.①国有企业—产业体系—研究—中国 Ⅳ.①F279.241

中国版本图书馆 CIP 数据核字（2022）第 062125 号

出 版 人	赵剑英
责任编辑	王　曦
责任校对	杨　林
责任印制	戴　宽

出　　版	中国社会科学出版社
社　　址	北京鼓楼西大街甲 158 号
邮　　编	100720
网　　址	http://www.csspw.cn
发 行 部	010-84083685
门 市 部	010-84029450
经　　销	新华书店及其他书店
印刷装订	北京君升印刷有限公司
版　　次	2022 年 8 月第 1 版
印　　次	2022 年 8 月第 1 次印刷
开　　本	710×1000　1/16
印　　张	10.5
插　　页	2
字　　数	116 千字
定　　价	66.00 元

凡购买中国社会科学出版社图书，如有质量问题请与本社营销中心联系调换
电话：010-84083683
版权所有　侵权必究

"国有企业与构建新发展格局"研究丛书编委会

编委会主任： 黄群慧　刘国跃

编委会成员：（按姓氏笔画排序）

王砚峰　王雪莲　邓曲恒　付敏杰　刘　利
闫国春　汤铎铎　祁瑞英　许　晖　孙　文
孙宝东　李永生　李　政　李俊彪　李善民
宋　畅　张　弛　张晓东　陈冬青　邵树峰
苟慧智　林　盼　周忠科　胡乐明　耿　育
倪红福　郭冠清　韩方运

代 序

新发展阶段的国有企业新使命

全面建成小康社会、实现第一个百年奋斗目标之后，我国乘势而上开启了全面建设社会主义现代化国家新征程、向第二个百年奋斗目标进军，这标志着我国进入了一个新发展阶段。进入新发展阶段，需要完整准确全面贯彻新发展理念，加快构建新发展格局。进入新发展阶段、贯彻新发展理念、构建新发展格局，是由我国经济社会发展的理论逻辑、历史逻辑、现实逻辑决定的。进入新发展阶段明确了我国发展的历史方位，贯彻新发展理念明确了我国现代化建设的指导原则，构建新发展格局明确了我国经济现代化的路径选择。

在中华民族从站起来、富起来到强起来的伟大复兴历程中，国有企业作为壮大国家综合实力、推进国家现代化建设和保障人民共同利益的重要力量，在党执政兴国和中国社会主义国家政权的经济基础中起到了支柱作用，为我国经济社会发展、科技进步、国防建设、民生改善做出了历史性贡献，功勋卓著，功不可没。现在，我国进入了从站起来、富起来到强起来历史性跨越的新发展阶段，面对在新发展理念指导下加快构建新发展格局的这个重大现代化战略和路径，国有企业需要明确自己在新发展阶段如何服务构建新发展格局这个新的历史使命。

新中国成立以后，计划经济体制下国有企业承担了社会主义经济建设的绝大部分任务，为中国人民"站起来"做出了巨大贡献，但受体制机制约束，企业活力没有得到有效发挥，这也制约了中国经济整体实力提升；改革开放以来，国有企业通过深化改革逐步成为市场经济主体，一方面为建设社会主义经济体制、探索社会主义与市场经济体制的有机结合发展做出了贡献，另一方面也促进了中国人民"富起来"、中国经济实力的巨大提升和为社会主义发展奠定了雄厚的物质基础。在新发展阶段，社会主义市场经济体制日益成熟，国有企业日益适应市场经济体制，国有企业改革发展已经取得了巨大成就，国有企业具备了为构建新发展格局做出巨大贡献的更为充分的条件。

回顾国有企业改革发展的历史，从传统计划经济体制下向社会主义市场经济体制下转型过程中，国有企业改革历程可以划分为1978年到1992年的"放权让利"时期，1993年到2002年的"制度创新"时期，2003年到2012年的"国资监管"时期，以及2013年到2020年新时代的"分类改革"时期，这四个时期分别对应了不同形势下的改革任务，各自侧重于解决不同层面的困扰改革的主要矛盾和问题，但其主线应该是解决计划经济体制下的国有企业如何适应社会主义市场经济体制要求——国有企业从计划经济体制下的附属逐步改革为社会主义市场经济体制下的市场主体。在社会主义条件下发展市场经济，将社会主义与市场经济体制结合是中国共产党的伟大创造。而不断深化国有企业改革，是建设和完善社会主义市场经济体制的关键。这也就是为什么国有企业改革一直是中国经济体制改革的中心环节的重要原因。回顾改革开放以来国有企业改革发展的历史过程，我们可以认为其改革发展的主导逻辑是如何使国有企业适应市场化的要求，使国有企业成为市场经济体制下的充满活力的市场主体。

应该说，经过改革开放40多年，尤其是新时代以来全面深化改革和2019年开始实施"国有企业改革三年行动方案"，无论是社会主义市场经济体制，还是中国特色现代企业制度和国资监管体制，都在更加成熟和更加定型上取得了明显成效，国有企业与市场经济体制正逐步实现有机融合，基本奠定了社会主义基本经济制度的微观制度基础。从这个意义上，改革开放以来国有企业基于市场化导向的改革发展逻辑已经取得了重大成就。进入新发展阶段，面对加快构建新发展格局的重大使命要求，我们需要思考在继续推进市场化改革、进一步完善体制机制基础上，国有企业改革发展新逻辑。按照党的十九届四中全会精神要求，我国还必须持续推进治理体系和治理能力现代化，到2035年基本实现国家治理体系和治理能力现代化，2050年全面实现国家治理体系和治理能力现代化。这对应到国有企业改革上，要求到2035年中国特色现代企业制度和中国特色现代国资监管体制更加完善，2050年中国特色现代企业制度和中国特色现代国资监管体制更加巩固、优越性充分展现。这需要在评估"国有企业改革三年行动方案"基础上，继续深化改革，按照2035年和2050年的阶段性目标进一步完善中国特色现代企业制度和现代国资监管体制。

在新发展阶段，不仅需要继续深化改革，更需要明确国有企业改革发展的重大使命，我国国有企业需要建立基于使命导向的改革发展逻辑。使命是企业组织存在的理由，使命决定战略，企业组织基于战略进行有效运作，在市场中计划运筹、组织协调各种资源，最终实现自己的使命，这是企业组织运行的基本逻辑。在市场经济条件下，如果仅仅把企业作为一个具有"经济人"特性、追求经济利益最大化的组织，企业就很难做大做强做久。卓越的企业从来不是仅仅把盈利作为自己组织的使命或者目标，盈利只是企业发展的手段，企业必须有为社会进步做出自己贡献的崇高使命。对于中国国有企业而言，更是应该把实现中华民族伟大复兴作为自己组织的根本使命，这是国家出资设立国有企业的最基本要求，也是国有企业存在的理由。在新发展阶段，国家的重大战略是贯彻新发展理念、加快构建新发展格局。因此，国有企业为加快构建新发展格局而贡献力量，成为新发展阶段国有企业的重大使命。在新发展阶段，基于使命导向的国有企业改革发展逻辑，本质上要求国有企业在构建新发展格局中寻求自己的具体定位和发展使命。

第一，国有企业要以促进国家高水平的科技自立自强为使命。构建新发展格局最本质的特征是实现高水平的自立自强，而自立自强的关键在于科技的自主创新。在新发展阶段，创新在我国现代化建设全局中处于核心地位，国有企业聚集了国家最重要的科技创新资源，代表了国家最重要的战略科技力量，必须以促进国家高水平科技自立自强为使命，国有企业尤其是中央企业要将原创技术的策源地作为企业的根本定位。

第二，国有企业要以提升产业链供应链治理能力为使命。从供给侧看，产业基础能力薄弱和产业链供应链现代化水平低是制约我国经济高质量发展的突出短板，提高我国产业基础能力和产业链供应链水平是构建新发展格局的关键着力点。从国际经济循环角度看，中国企业在全球价值链中分工地位还处于中低环节，对全球价值链治理还缺少话语权；从国内经济循环角度看，总体上国有企业尤其是中央企业在产业链供应链中处于中上游地位，对产业链供应链具有一定的控制能力，但这种能力主要是基于资源导向的，还主要不是基于创新导向的。在未来构建新发展格局中，国有企业要成为真正意义上基于创新能力的产业链供应链的"链主"。

第三，国有企业应以促进共同富裕为使命。共同富裕是社会主义的本质要求，是中国式现代化的根本特征。在新发展阶段，国有企业应更加积极地履行社会责任，应积极思考如何更好地完善收入分配体系，健全国有企业内部激励分配机制，合理参与社会收入再分配体系，在正确处理国家、企业和个人之间的分配关系上形成国企样板，为实现共同富裕贡献积极力量，相关国资国企监管机制应充分适应这方面的要求。

第四，国有企业发展应在促进高水平开放中以打造世界一流企业为使命。构建新发展格局，需要形成以国内大循环为主体、国内国际双循环相互促进的新局，这要求实行高水平对外开放，既要持续深化商品、服务、资金、人才等要素流动型开放，又要稳步拓展规则、规制、管理、标准等制度型开放，既要加强国内大循环在双循环中的主导作用，又要重视以国际循环提升国内大循环的效率和水平，塑造我国参与国际合作和竞争新优势。这个高水平对外开放过程又恰是我国国有企业打造世界一流企业所要求的，世界一流企业需要在国际竞争中逐步成长起来。在新发展阶段，国有企业要更好地参与新形势下的国际经贸合作，积极应对区域贸易协定、贸易合作组织对于国有企业的质疑和挑战，在共建"一带一路"、参与CPTPP协定、完成"碳中和"目标等问题上发挥国有企业的应有作用，在国内国际双循环中打造世界一流企业。

第五，国有企业发展应以促进实体经济创新发展为使命。近些年中国经济总体上呈现"脱实向虚"的趋势，一定程度上出现了过快和过早"去工业化"问题，这十分不利于我国经济高质量发展，不利于我国经济安全。一定要坚持把发展经济的着力点放在实体经济上，"十四五"时期要保持制造业比重基本稳定，巩固壮大实体经济根基，是我国构建新发展格局、经济高质量发展的基本政策导向和要求。中央企业是我国实体经济的顶梁柱和制造强国建设的主力军，必须在推进实体经济创新发展上大有作为。

立足新发展阶段，从国有企业的使命与定位来看，国有企业必须以中华民族的伟大复兴为己任，服务于中华民族伟大复兴的战略全局，在社会主义现代化新征程中为构建新发展格局发挥关键作用，成为现代化经济体系的重要市场主体，积极推动和适应经济的高质量发展，围绕"强起来"的使命要求，国有企业应坚持贯彻新发展理念、走高质量发展之路，在高水平自立自强、提升产业链现代化水平、推进共同富裕、畅通经济循环等重大战略中发挥引领和支撑作用。

基于上述认识，中国社会科学院国有经济研究智库2021年立项课题"国有企业在构建新发展格局中的作用研究"，由中国社会科学院经济研究所和国家能源集团合作主持，经过一年的研究，取得了丰硕的成果，本丛书就是这些成果的一个集中体现。因为国有企业在构建新发展格局中的作用是一个全新的重大问题，还需要持续深入研究，本丛书也只是一项初步探索，期望能够抛砖引玉，请大家批评指正。

黄群慧

中国社会科学院经济研究所所长

中国社会科学院国有经济研究智库主任

前　言

产业是国民经济可持续发展的支撑力量和社会和谐稳定的重要基石。现代产业体系是现代经济体系的核心内容和战略重点。构建现代产业体系是形成"新发展格局"的关键环节，是贯彻落实党的十九大和十九届五中全会精神的重要举措，是习近平总书记治国理政系列思想在经济发展和产业发展领域的具体应用和科学部署。研究构建现代产业体系具有十分重大的理论与现实意义。

在民族主义、孤立主义、保护主义、霸权主义及新冠肺炎疫情的影响下，原有国际大循环体系受到严重冲击，经济全球化进程受挫，我国面临的外部经济环境不断恶化。在对外界影响做出最严重预估的底线思维下，必须"以国内大循环为主体"来重新构建安全、可控、有弹性、有韧性、能够自我循环的体系。同时，经济转型升级和高质量发展、实现现代化强国目标也要求构建国内国际双循环相互促进的新发展格局。而在此过程中，构建一个适应现代化经济体系和高质量发展要求，与新发展格局相适应的现代产业体系乃重中之重。

新发展格局的一个重要特征就是以国内经济大循环为主体，而当前我国经济内部循环不畅的一个重要因素就是科技创新和产业创新不足，这也是我国构建现代化产业体系面临的一个重要短板。科技创新和产业创新体系还不完整，关键核心技术受制于人、不能做到自主可控，严重影响到供应链的安全稳定与产业链的优化和竞争力提升，造成产业供给质量不高，不能满足消费者对消费品转型升级的要求，也难以实现更高水平的对外开放。从我国产业体系发展现状来看，一个突出的问题是，实体经济产业与虚拟经济产业发展不平衡，经济"脱实向虚"的趋势明显。近十年来，金融业对实体经济的服务与支撑不足，对实体经济，特别是制造业健康发展十分不利。在新发展格局下，金融业的发展必须立足于为实业服务的基础和原则，扭转"脱实向虚"的趋势。20世纪90年代以来，我国积极参与到经济全球化的浪潮中，并成为全球供应链体系中最重要的参与者之一。这种发展战略一方面让我国获得了快速的经济增长，另一方面也让我国供应链体系的可控性降低。尤其是在某些高科技行业，供应链的核心部分掌握在西方国家手中，造成我国部分产业和企业发展面临恶劣环境和被动局面。产业链优化升级是构建现代化产业体系、加快形成新发展格局的当务之急和必经之路。构建新发展格局和现代化产业体系的重要着眼点之一，是如何在最严峻的条件下保障我国的经济安全，而保障国家经济安全无疑是国有企业的天然使命与责任。尽管国有企业在不同历史时期主要职责和作用有所不同，但保障国家经济安全永远是其基本职责。而在新发展格局下，现代化产业体系的安全与可控性是第一位的，这就决定了未来一段时期，保障国家经济安全发展是国有企业的首要任务。国有企业的评价体系也会因此出现针对性的调整。

目　录

第一章　加快发展现代产业体系的任务与路径 …………… 1

　第一节　加快发展现代产业体系的意义 ……………… 1
　第二节　建设现代产业体系的核心任务 ……………… 16
　第三节　建设现代产业体系的关键路径 ……………… 21

第二章　国有企业在产业链供应链现代化中的作用 ………… 33

　第一节　产业链供应链现代化相关概念内涵与特征 …… 34
　第二节　我国提升产业链供应链现代化的必要性与
　　　　　紧迫性 ……………………………………… 37
　第三节　国有企业提升产业链供应链现代化水平的
　　　　　理论逻辑与现实基础 ……………………… 42
　第四节　国有企业提升产业链供应链现代化
　　　　　水平的思路和路径 ………………………… 48

第三章 国有企业在改善经济"脱实向虚"中的作用 …… 57

第一节 经济"脱实向虚"现状分析 …………… 58
第二节 经济"脱实向虚"影响因素分析 ………… 59
第三节 促进经济"脱虚向实"的政策建议 ……… 62
第四节 建立"高新设备投资特殊通道"制度促进
"脱虚向实" ……………………………… 65

第四章 国有企业在促进创新驱动发展和科技自立自强
中的作用 …………………………………… 73

第一节 国有企业在创新驱动发展中的
责任与使命 ……………………………… 74
第二节 国有企业推动创新驱动发展的
现状与成就 ……………………………… 81
第三节 国有企业助力创新驱动发展中的驱动
机制与制约因素 ………………………… 86
第四节 新时代国有企业助力创新驱动发展和科技
自立自强的对策建议 …………………… 94

第五章 国有企业在确保我国经济安全发展中的作用 …… 107

第一节 我国经济安全发展面临的挑战 ………… 107
第二节 国有企业在确保我国经济安全发展过程中的
作用方式 ………………………………… 117
第三节 为国有企业确保我国经济安全发展提供
必要的制度支持 ………………………… 133

参考文献 …………………………………………………… 138

后记 ………………………………………………………… 144

第一章 加快发展现代产业体系的任务与路径

加快发展现代产业体系是建设现代化经济体系，推动高质量发展的必然要求，也是重塑我国产业竞争优势，构建新发展格局的重大举措。加快发展现代产业体系必须强化数字化引领，突出现代性特征，推动各领域数字化优化升级，着力提升全产业链水平，"塑造新的竞争优势"。

第一节 加快发展现代产业体系的意义

一 现代产业体系建设的核心要义

根据党的十九大报告和习近平总书记、李克强总理有关现代产业体系的相关论述，党中央、国务院有关现代产业体系战略部署的核心要义包括以下四个方面：

（一）现代产业体系的核心是发展实体经济

现代产业体系是以实体经济为主体的产业体系。我国是个大国，必须发展实体经济，不断推进工业现代化、提高制造业水平。建设现代化经济体系的着力点是实体经济，战略任务是加快建设实体经济，战略措施是深化供给侧结构性改革。随着我国社会主要矛盾转化和经济由高速增长阶段转向高质量发展阶段，制约经济持续健康发展的因素既有供给问题也有需求问题，既有结构问题也有总量问题，但供给侧和结构性的问题是矛盾的主要方面。供给结构失衡，不能适应需求结构的变化；供给质量不高，不能满足人民美好生活和经济转型升级的需要；金融、人才等资源配置存在"脱实向虚"现象，影响了发展基础的巩固。必须把发展经济的着力点放在实体经济上，以提高供给体系质量作为主攻方向，显著增强我国经济质量优势。要推动产业优化升级，促进产业迈向全球价值链中高端；加快改造提升传统产业，深入推进信息化与工业化深度融合，着力培育战略性新兴产业，大力发展现代服务业，积极培育新业态和新商业模式；鼓励更多社会主体投身创新创业，培育更多经济新增长点，加快形成经济发展新动能；坚持"三去一降一补"，优化存量资源配置，扩大优质增量供给，实现供需动态平衡。

（二）现代产业体系的主要任务是产业转型升级

加快改造提升传统产业。随着互联网信息时代的来临，传统产业的格局也在发生改变。加快改造提升传统产业，必须增强推进传统产业转型升级的自觉性，特别是加快推进工业转型升级，努力使产业发展更好适应市场变化。其中最关键的一点就是要坚持利用信息技术和先进适用技术改造传统产业，深化信息技术在各行各业的集成应用，提高研发设计、生产过程、生产装备、经营管理信息化水平，提高传统产业创新发展的能力。习近平总书记高度重视农业发展问题，他反复强调，要着眼于加快农业现代化步伐，在稳定粮食和重要农产品产量、保障国家粮食安全和重要农产品有效供给的同时，加快转变农业发展方式，加快农业技术创新步伐，走出一条集约、高效、安全、持续的现代农业发展道路。

着力培育战略性新兴产业。战略性新兴产业是以重大技术突破和重大发展需求为基础，对经济社会全局和长远发展具有重大引领带动作用，知识技术密集、物质资源消耗少、成长潜力大、综合效益好的产业。战略性新兴产业以创新为主要驱动力，辐射带动力强，加快培育和发展战略性新兴产业，有利于加快经济发展方式转变，有利于提升产业层次和高起点建设现代产业体系。要坚持充分发挥市场的决定性作用与政府引导推动相结合，既充分发挥我国市场需求巨大的优势，创新和转变消费模式，充分调动企业主体的积极性，推进产学研用相结合。同时，还要注重发挥政府的规划引导、政策激励和组织协调作用。

大力发展服务业特别是现代服务业。服务业发达程度已经是衡量一个国家、一个地区产业发展水平的重要标志。现在我国的一般工业产品供应充足，一些行业还存在严重产能过剩现象，而服务业许多领域却供不应求。事实上，推动工业化不仅要发展工业，而且需要发展服务业，工业与服务业融合发展也有利于提高工业发展的质量和竞争力。优化产业结构，必须把发展服务业作为战略重点，不断提高服务业比重和水平。要采取有效措施，为服务业发展创造有利环境，扩大服务业规模，提高服务业水平。加快发展现代物流、电子商务、科研设计、金融会计等生产性服务业，大力发展旅游、健身、养老、家政等生活性服务业，扶持中小型服务企业发展。

（三）现代产业体系的根本动力是科技创新

现代产业体系的根本动力是科技创新。创新是引领发展的第一动力。科技创新是全面创新的主要引领，是国家竞争力的核心，是经济发展的第一动力。经过长期努力，我国科技发展成就显著，一些重大科技成果进入世界先进行列。目前，我国研究与开发经费占国内生产总值的比重已经超过2%，达到经济合作与发展组织国家平均水平。但我国科技创新能力与经济实力相比还不相称，与经济建设主战场和人民群众对美好生活的需要相比还显滞后。科技创新存在自主创新能力不强、科技资源分配不合理、科技创新激励机制不足、科技与实体经济"两张皮"、科技成果转化率低等问题。必须坚定不移贯彻创新发展理念，深入实施科教兴国战略、人才强国战略、创新驱动发展战略，大力推进科技创新。要加快建设创新型国家，加强国家创新体系建设，建立以企业为主体、市场为导向、产学研深度融合的技术创新体系，倡导创新文化，强化知识产权保护，支持大众创业、万众创新，以高水平的科技创新作为支撑，发挥科技创新对构建现代产业体系的独特作用，使科技创

第一章
加快发展现代产业体系的任务与路径

新成为产业升级的持续驱动力。

科技创新是实现产业发展的不竭动力。习近平总书记强调:"当前,从全球范围看,科学技术越来越成为推动经济社会发展的主要力量,创新驱动是大势所趋。新一轮科技革命和产业变革正在孕育兴起,一些重要科学问题和关键核心技术已经呈现出革命性突破的先兆。"[1] 推动科技与产业的深度融合,是实现中国经济平稳健康发展的必然选择。

牢牢把握产业革命大趋势。习近平总书记强调,科技革命必然引发产业革命。科技创新及其成果决不能仅仅落在经费上、填在表格里、发表在杂志上,而要面向经济社会发展主战场,转化为经济社会发展第一推动力,转化为人民福祉。要坚持产业化导向,加强行业共性基础技术研究,努力突破制约产业优化升级的关键核心技术,为转变经济发展方式和调整产业结构提供有力支撑。要以培育具有核心竞争力的主导产业为主攻方向,围绕产业链部署创新链,发展科技含量高、市场竞争力强、带动作用大、经济效益好的战略性新兴产业,把科技创新真正落到产业发展上。

大力破解创新发展科技难题。当前,国家对战略科技支撑的需求比以往任何时期都更加迫切。党中央已经确定了我国科技面向2030年的长远战略,要围绕国家重大战略需求,着力攻破关键核心技术,抢占事关长远和全局的科技战略制高点。

---

[1] 中共中央文献研究室编:《习近平关于科技创新论述摘编》,中央文献出版社2016年版,第77—78页。

成为世界工业化强国，成为世界主要科学中心和创新高地，必须拥有一批世界一流科研机构、研究型大学、创新型企业，能够持续涌现一批重大原创性科研成果。要进一步明确国家目标和紧迫战略需求的重大领域，以重大科技任务攻关和国家大型科技基础设施为主线，在一些重大颠覆性技术创新上创造新产业新业态，力求以科技创新引领中国产业发展。

形成充满活力的科技管理体制。科技创新、制度创新要协同发挥作用，两个轮子一起转。要形成社会主义市场经济条件下集中力量办大事的新机制。要以推动科技创新为核心，引领科技体制及其相关体制深刻变革。制定和落实鼓励企业技术创新的各项政策，加强对中小企业技术创新的支持力度。优化科研院所和研究型大学科研布局，厚实学科基础，培育新兴交叉学科生长点。尊重科技创新的区域集聚规律，建设若干具有强大带动力的创新型城市和区域创新中心，抢占产业发展制高点。

（四）现代产业体系的保障是产业与要素协同发展

党的十九大报告提出"着力加快建设实体经济、科技创新、现代金融、人力资源协同发展的产业体系"，可见，实体经济、科技创新、现代金融、人力资源是相互促进、相互依赖的一个整体，任何一方出现短板，都会拖其他领域发展的后腿，从而影响整个现代产业体系建设的水平。只有把资金、人才、科技等要素组合起来，以质的适应性、量的均衡性、时间的有序性、空间的聚合性和配合的协调性投入到实体经济中去，促进现代产业体系建设，推动建设现代化经济体系，才能实现经济创新发展和转型升级。总体而言，我国在实体经济、科技创新、现代金融、人力资源等方面已经形成一定的基础和竞争优势，要素保障能力明显增强。但科技、人才、金融等要素还没有形成有效组合、向实体经济聚力发力的协调发展格局。

现代金融是现代产业体系的血脉。目前，我国金融总资产已达200多万亿元，总体实力明显增强。但还存在供给约束和资金配置扭曲的问题，大量资金流向房地产或在金融系统内空转，产能过剩行业占有大量资金，新兴产业和中小微型企业资金需求得不到满足，致使实体经济转型升级得不到金融供给的有效支持。要大力发展现代金融，深化金融体制改革，防止和治理各类经济泡沫，降低过高的杠杆率，化解金融风险，以现代金融为保障，更好发挥资本市场、绿色金融、风险投资、并购投资、保险等金融工具的功能，增强金融服务实体经济能力，为实体经济创新发展、转型升级提供高效便捷、功能多样、成本合理的融资服务，强化金融的实体经济输血功能。

人力资源是现代产业体系中最宝贵的资源。人是生产力中最活跃的因素。目前，我国劳动从业人员超过7亿人，其中各类知识和技能人才超过1.5亿人，已经具备了相当的人力资源基础。但也存在一些突出问题，如劳动力资源总量呈现下降趋势、人才供需结构性矛盾比较突出、科研人员队伍大而不强、高精尖人才相对缺乏、工程技术人才培养同生产和创新脱节等。必须以人力资源培育为支撑，为各行各业转型升级提供符合需要的高素质人力资源和各类实用型人才，以人力资本提升弥补劳动力资源总量下降的不足。要大力开发人力资源，实行更加积极、更加开放、更加有效的人才政策，培养和造就一大批具有国际水平的人才和高水平创新团队。要提高供给体系质量，激发和保护企业家精神，鼓励更多社会主体投身创新创业，建设知识型、技能型、创新型劳动者大军，弘扬劳模和工匠精神，营造劳动光荣的社会风尚和精益求精的敬业风气。

充分发挥科技创新成果转化为现实生产力的作用，发挥资本、资产、资金支持产业发展的作用，发挥各类劳动者和人才投身于创业创新的作用。要把科技、劳动力与人才、资本等各种生产要素组合起来，调动好、配置好、协同好，协同投入实体经济，注重实体经济、科技创新、现代金融、人力资源协同发展和相互促进，形成现代产业体系的整体发展效应，协同促进企业技术进步、行业供求衔接和产业优化发展，协同促进实体经济和产业体系优质高效发展。现代产业体系是开放的体系。只有更高水平的开放，更好运用国际国内两个市场和两种资源，更好融入全球产业分工体系，才能更多地为建设现代产业体系注入新动力、增添新活力、拓展新空间。

二　建设现代产业体系的战略意义

党的十八大以来，习近平总书记以非凡的理论勇气、高超的政治智慧、坚忍不拔的历史担当精神，围绕改革发展稳定、内政外交国防、治党治国治军发表了一系列重要讲话，形成了一系列治国理政新理念新思想新战略。其中，习近平总书记亦对经济新常态下的产业发展问题做出了许多丰富而深刻的论述，这些重要论述是推动中国经济转型升级的基本遵循和科学指导，现代产业体系是习近平总书记治国理政系列思想在经济发展和产业发展领域的应用和具体部署。

产业是国民经济可持续发展的支撑力量和社会和谐稳定的重要基石。习近平总书记指出："产业结构优化升级是提高我国经济综合竞争力的关键举措。要加快改造提升传统产业，深入推进信息化与工业化深度融合，着力培育战略性新兴产业，大力发展服务业特别是现代服务业，积极培育新业态和新商业模式，构建现代产业发展新体系。"[①] 从国际上看，当前全球经济格局深度调整，产业竞争异常激烈。国际金融危机爆发后，发达国家纷纷提出"再工业化"战略，试图在新的技术平台上提升制造业和发展新兴产业，继续以核心技术和专业服务牢牢掌控全球价值链的高端环节。因此，推动我国产业结构的优化升级、构建现代产业体系已经刻不容缓。

党的十九大提出，要着力加快建设实体经济、科技创新、现代金融、人力资源协同发展的产业体系。这是中国特色社会主义进入新时代，着眼于建设现代化经济体系这个战略目标而提出的一项重要战略性举措。现代产业体系是现代化经济体系的主要内涵和战略重点之一。能否顺利建成现代化经济体系，直接取决于能否顺利建成实体经济、科技创新、现代金融、人力资源协同发展的现代产业体系。

李克强总理主要是从促进新旧动能转换、推进供给侧改革

---

① 习近平：《抓住机遇立足优势积极作为 系统谋划"十三五"经济社会发展》，中国共产党新闻网，http://cpc.people.com.cn，2015年5月29日。

的角度来论述现代产业体系的战略意义的。紧紧依靠改革破解经济发展和结构失衡难题，大力发展新兴产业，改造提升传统产业，提高供给体系质量和效率。李克强总理在2018年《政府工作报告》中提出，要加快新旧发展动能接续转换。深入开展"互联网+"行动，实行包容审慎监管，推动大数据、云计算、物联网广泛应用，新兴产业蓬勃发展，传统产业深刻重塑。实施"中国制造2025"，推进工业强基、智能制造、绿色制造等重大工程，先进制造业加快发展。出台现代服务业改革发展举措，服务新业态新模式异军突起，促进了各行业融合升级。深化农业供给侧结构性改革，新型经营主体大批涌现，种植业适度规模经营比重从30%提升到40%以上。采取措施增加中低收入者收入，推动传统消费提档升级、新兴消费快速兴起，网上零售额年均增长30%以上，社会消费品零售总额年均增长11.3%。优化投资结构，鼓励民间投资，发挥政府投资撬动作用，引导更多资金投向强基础、增后劲、惠民生领域。高速铁路运营里程从9000多公里增加到25000公里，总里程占世界2/3，高速公路里程从9.6万公里增加到13.6万公里，新建改建农村公路127万公里，新建民航机场46个，开工重大水利工程122项，完成新一轮农村电网改造，建成全球最大的移动宽带网。五年来，发展新动能迅速壮大，经济增长实现由主要依靠投资、出口拉动转向依靠消费、投资、出口协同拉动，由主要依靠第二产业带动转向依靠三次产业共同带动。这是我们多年来想实现而没有实现的重大结构性变革。

三 当前我国建设现代产业体系的必要性与重要性

在当前国际分工变化、产业竞争加剧的背景下，加快发展现代产业体系具有重要的现实意义。

（一）产业体系亟待提升：从中低水平向更高水平跃升

现代产业体系是一个动态概念，从产业体系演进的历史进程看，产业体系的形成是工业化的结果。先行工业化国家比较早地形成较为完整的产业体系，并以殖民的方式把产业体系推广到世界。此后，一些快速工业化国家，采取贸易保护政策等，积极参与到国际分工中来，不仅建立起自己的产业体系，更是通过国际分工形成其产业体系优势，并在国际分工中长期占据中高端，处于比较优势地位。而后发国家则在产业体系中处于低端，处于比较劣势地位，长期努力于后发赶超。到了20世纪中后期，国际产业分工的开放性增强，推动形成产业梯度转移模式，也就是一般性加工制造业从领先国家向后发国家转移，从纺织、钢铁、造船到计算机，基本上循着产品从简单到复杂、从低级到高级、从消费品到资本品逐次升级。推动形成领先国家产业体系扩张，而后发国家在这种差异化分工中也加快形成自己的产业体系。[1]

我国产业体系是在自给自足的基础上，通过加入国际分工体系发展起来的。改革开放之初，更多是通过加工贸易方式，从事由跨国公司外包的某些生产环节的生产活动。我们凭借资

---

[1] 参见余永定《准确理解"双循环"背后的发展战略调整（下）》，《财经》2021年第1期。

源和劳动力等要素成本优势，加上国外提供的原材料、中间品和机器设备，逐步形成产业规模优势。虽然在客观上导致我国产业体系对外依存度居高不下，但却为我国产业成长和产业体系构建提供了机会。正是由此起步，率先在东南沿海地区制造业成长起来，实现了成本优势—速度优势—规模优势的叠加升级，推动产业跨越式发展。目前，我国已经形成独立完整的工业体系，拥有41个大类、207个中类、666个小类，是全世界唯一拥有联合国产业分类中所列全部工业门类的国家。我国制造业规模居全球首位，世界500多种主要工业产品中，我国有220多种产量居世界第一。①

但是，我国产业总体上仍处于国际产业链、价值链的中低端，出口产品中拥有自主品牌的不足20%。关键核心技术受制于人的局面未根本改变，创造新产业、引领未来发展的科技储备远远不够。这其中一个重要原因，是由于我国产业体系是在特定历史背景和特殊发展条件下建立形成的，所以产业体系先天不足，缺乏完整性，总体水平仍与发达经济体存在落差，尤其是核心技术领域受制于人的问题比较突出，对产业体系的安全发展影响较为明显。其中在集成电路领域最为明显，产业规模仅占全球约7%，而每年消费量约占世界33%，导致80%的集成电路依赖进口。2019年进口芯片规模达3055亿美元。这暴露出我国产业体系缺乏核心竞争力的软肋，并对产业整体发展产生了直接影响。

---

① 江金权：《把握构建国内大循环的着力点》，《学习时报》2021年1月25日。

产业体系的落差不仅导致大量利益流失，也对我国建立在劳动力成本低廉优势以及发达国家劳动密集型产业向外转移机会基础上的外向型发展模式提出挑战，传统的加工贸易模式不能重演，规模制造出口导向模式也难以持续。与此同时，我国劳动力等生产要素成本上升较快，东盟等新兴经济体及其他发展中国家，凭借劳动力成本和自然资源比较优势，积极参与国际产业分工，促使产业和订单向我国周边国家转移趋势明显，导致我国出口竞争加剧。根据国际劳工组织的数据，2017年中国从业人员平均月收入为847美元，大约相当于柬埔寨、印度尼西亚、斯里兰卡、坦桑尼亚等发展中国家的4倍以上。即使考虑到在工人素质、基础设施、产业配套、生产效率方面的优势，我国的劳动密集型产业综合成本也已经渐失优势。所以，必须加快产业转型和产业体系的重构，通过发展现代产业体系，重塑竞争新优势，这样才能在国际产业分工中，再造发展新优势，掌握发展的主动权。

(二) 产业竞争持续深化：从规模化竞争到体系化竞争

当今世界正经历百年未有之大变局，主要国家之间的力量对比成为最大的变量，并且主要聚焦于中国和美国。随着我国经济规模扩大并逐渐接近美国，遂成为重点被打压的对象。美国为了维护其世界霸主地位，不择手段地打压、遏制中国，其涉及领域越来越广，遏制的手段越来越多样化。从早期的光伏扩大到通信设备、智能终端，现在又扩大到数字产业、人工智能等领域。从早期的军用和军民两用技术的出口限制、反补贴反倾销、绿色贸易壁垒等，扩大到投资并购限制、高科技中间产品出口限制、市场准入限制、高等教育和科技交流的限制等全方位的遏制。而且美国还拉拢其盟国一起对中国技术、市场等方面进行合围封锁。从而进一步加剧产业竞争，恶化产业发展环境。美国等少数国家凭借其掌控产业链中下游的优势，以此来强化竞争优势，促使产业链分工向产业链竞争转变。这对于我国产业链建设和产业体系发展构成新的挑战。

在产业链分工背景下，我国抓住产业链转移机会，从1995年至2015年的20年间，获取日本、美国和德国的制造业份额，使中国在全球制造业增加值中所占比重由1995年的4.4%持续扩大至2015年的24.5%，增加约20个百分点，居于全球首位。① 但是，随着产业链竞争加剧，美国等一些国家推出"产业回归计划"和"供应链多元化"，政府资助跨国企业将生产线从中国回归本土或转移到其他国家，以实现生产基地多元化。美国提出"供应链独立和制造业独立"，而且还采取一系列刻意的"断链"甚至"毁链"行为，不仅对全球产业链带来干扰，也直接影响我国产业链安全。由此也更清晰地透视了我国产业链和供应链的整体状态。一方面显现我国产业链和供应链整体布局能力提高，影响力扩大，特别是在中间制造领域形成明显优势。在我国长三角和珠三角地区，业已形成的加工制造优势，成为产业链供应链中不可或缺的关键环节，在稳链、控链、强链中发挥重要作用。另一方面也暴露出产业链高

---

① 李万：《加快提升我国产业基础能力和产业链现代化水平》，《中国党政干部论坛》2020年1月19日。

端竞争力不足,关键领域受制于人的情况还比较明显。

为此,要更好应对竞争并在竞争中赢得主动,"必须更强调自主创新",全面加强对科技创新的部署,集合优势资源,重点向产业创新领域倾斜,改善我国生产要素质量和配置水平,全面优化升级产业结构,推动我国产业整体转型升级。"以重大科技创新为引领,加快科技创新成果向现实生产力转化,加快构建产业新体系。"① 特别是要着力提升企业技术创新能力,强化企业创新主体地位,促进各类创新要素向企业集聚,"提升创新能力、竞争力和综合实力"。从世界经验看,100多年来,技术创新绝大部分来源于企业,发达国家80%的科研工作是在企业中完成的。我国深圳,90%以上的研发机构设在企业,研发经费的90%来自企业,90%的专利由企业申请。同时,发挥大企业引领支撑作用,支持创新型中小微企业成为创新的重要发源地。鼓励大企业向中小企业开放创新研发等资源。调查显示:2018年我国规模以上工业企业中,有43%的企业有技术创新,其中大型工业企业创新最活跃,技术创新企业所占比重达82.5%,高于中型企业的64.7%,是小微企业的1.2倍。通过推动产业链上中下游、大中小企业融通创新,从而为加快发展现代产业体系提供强有力的动力支撑。

我国已经进入高质量发展阶段,正在经历从量变到质变的过程,其特点是:增长速度要从高速转向中高速,发展方式要从规模速度型转向质量效率型,经济结构调整要从增量扩能为

---

① 习近平:《深入理解新发展理念》,《求是》2019年第10期。

主转向调整存量、做优增量并举，发展动力要从主要依靠资源和低成本劳动力等要素投入转向创新驱动。这些变化，是我国经济向形态更高级、分工更优化、结构更合理的阶段演进的必经过程。同时，也要求加快发展现代产业体系与之相适应。产业体系现代化是实现"质量变革、效率变革、动力变革"的基本条件，也是提高全要素生产率、显著增强我国经济质量优势的根本路径。

第二节 建设现代产业体系的核心任务

发展现代产业体系以"产业基础高级化、产业链现代化"为核心支撑，着眼于提高经济质量效益和核心竞争力。首先，要全面提高产业基础能力，构建系统完备、高效实用、智能绿色、安全可靠的现代基础设施体系。其次，推动全产业链优化升级，形成具有更强创新力、更高附加值、更安全可靠的产业链供应链。由此，形成发展现代产业体系的强大优势。

一 提高产业基础能力

产业基础能力提升是数字化转型的着力点，也是发展现代产业体系的基础支撑。产业基础能力涵盖底层技术、基础零部件和材料、基础设施、质量标准、产业环境和人才队伍。总体来看，我国产业基础能力还不高，产业基础结构参差不齐，产业新度系数较低。随着产业数字化推进，凸显基础设施短板制约，这种结构性不对称，既制约数字化发展，也制约产业链配套升级。有资料显示，我国核心基础元器件、关键基础材料、先进基础工艺、产业技术基础水平等对外技术依存度在50%以上，与发达国家平均30%以下、美德日的5%以下有很大的差距。因此，我国产业基础能力还有很大的提升空间，支撑现代产业体系建设能力还需进一步加强。所以，必须加大力度全面提升产业基础能力，为发展现代产业体系提供坚实的基础保障。

提升产业基础能力重在基础设施建设，当前要"实施产业基础再造工程"，重点是要加强基础设施体系建设进而优化产业基础结构。对此，国家已经做出统筹谋划和战略安排，整体布局基础设施体系建设。"十四五"规划《建议》明确要求"构建系统完备、高效实用、智能绿色、安全可靠的现代化基础设施体系"。一是推进第五代移动通信、工业互联网、大数据中心等新型基础设施系统布局和加快建设，为数字经济、智能制造等新经济发展提供保障；二是聚焦综合运输大通道、综合交通枢纽和物流网络，城市群和都市圈轨道交通网络化，农村和边境地区交通通达深度三个重点，加快推进交通强国建设；三是以油气电为重点，完善勘探开发和产运储供销体系，推进能源革命；四是加强水利基础设施建设，提升水资源优化配置和水旱灾害防御能力。①

这既是产业基础能力提升的重要内容，也是发展现代产业体系的重要组成部分，必然会有力促进现代产业体系发展，提

---

① 《中共中央关于制定国民经济和社会发展第十四个五年规划和二〇三五年远景目标的建议》，中国政府网，https://www.gov.cn。

升产业体系的竞争力。

二 提升产业链现代化水平

产业链现代化是经济全球化和数字化的必然现象，也是发展现代产业体系的重要环节。

1. 产业链现代化的动力。主要源自两个方面：一是源自企业创新的推动，产业链是以企业为主体构建的，企业创新不断推动产业链创新。特别是企业数字化创新，打破创新流程各个环节的界限，促进时间和空间上的重叠，使得企业创新流程能够有效实现快速迭代。随着互联网技术从 PC 互联到移动互联再到万物互联，催生新技术、新业态、新场景不断更新换代，通过对人、机、物的全面互联，拓宽产业新空间，推动产业链全面创新。

二是源自产业格局变化的影响。现有产业链是建立在传统分工基础上的，适应了工业化的需要，形成了固有格局。随着经济数字化发展，推动产业链发生格局性变化，形成全要素、全产业链、全价值链全面连接的新型生产制造和服务体系。网络化使得信息实时交互、供求精准对接、资源自由流动，不仅提高效率，也重新匹配资源，从更深层次和更广维度推动产业链现代化进程。

2. 产业链现代化的重点。产业链现代化既要围绕制造业优势领域锻造产业链长板，也要围绕服务业等相对落后领域补齐产业链短板。

一是锻造产业链长板。着力"打造新兴产业链"，加快提升产业链现代化水平。主要在以下方面展开：其一，要巩固壮大实体经济根基，夯实产业链现代化的基础，更好发挥制造业优势，保持制造业比重基本稳定，强化产业链现代化的基础支撑。其二，立足我国产业规模优势、配套优势和部分领域的先发优势，推动形成产业链整体发展优势。其三，推动传统产业高端化、智能化、绿色化，推进产业链供应链创新。其四，提高产业链质量水平，深入开展质量提升行动，全面提高产业链竞争力和发展水平。其五，优化区域产业链布局，以促进产业在国内有序转移为导引，促进区域产业链合理布局和持续优化，推动形成区域协调发展新优势。

二是补齐产业链短板。当前，重点要加大补短板的力度，促进产业体系功能性提升、完整性发展。全面推进产业链供应链数字化创新，"提升产业链供应链现代化水平"。

其一，推动产业链供应链多元化。推进产业基础再造与创新发展相结合，传统产业与新兴产业发展相结合，加大重要产品和关键核心技术攻关力度，发展先进适用技术和产业，促进多产业、多业态融合。

其二，加快新服务发展，进一步放大产业链的功能，增强产业链的活力。"十四五"规划《建议》明确指出，要"加快发展现代服务业"，"推动生产性服务业向专业化和价值链高端延伸，推动各类市场主体参与服务供给，加快发展研发设计、现代物流、法律服务等服务业，推动现代服务业同先进制造业、现代农业深度融合，加快推进服务业数字化"。[①] 同时，

[①] 《中共中央关于制定国民经济和社会发展第十四个五年规划和二〇三五年远景目标的建议》，中国政府网，https://www.gov.cn。

发展新服务要突出创新引领，加快推进服务业数字化，促进供给和需求精准对接，推动多方面参与和多业态融合，加强生产性服务业和生活性服务业跨界融通发展，尤其强调生产性服务业要向价值链高端延伸，形成服务链与产业链合理匹配。

其三，推进新场景开发。新场景改变了需求取向，重构资源配置方向，从更深层次推进传统产业链的重组和再造。目前，新场景引领新消费势头迅猛，导致产业化跟进发展速度超常。随着人们思维方式和消费习惯的适应性改变，还会进一步扩大数字化需求，营造数字化应用新场景，培育数字化新业态，从而进一步推进产业链拓展和产业体系完善。

3. 推进产业链数字化。数字化打破固有的产业流程和界限，实现跨时空链接和快速迭代。在此基础上促进数字经济和实体经济融合共建数字产业链。核心是强化共生协同效能，减少中间环节、简化业务流程、优化关联组织、节约交易成本，形成具有更强创新力、更高附加值、更安全可靠的产业链。同时，数字产业链具有极强的连通性和串联性，贯通产业链各环节，带动上中下游共同发展。

4. 打造数字供应链。通过数据业务化、业务数据化，构建线上线下、全流程、一体化的供应链体系。其特点是以需求为导向、反向供应链的产业组织方式，注重数据驱动、实时链接、智能配对和利益共享。以数字供应链为依托，推动订单、产能、渠道等信息要素共享，实现产业供需调配的精准对接。

第三节　建设现代产业体系的关键路径

一　数字化赋能现代产业体系发展

以数字化重构产业体系，赋予现代产业体系新内涵。联合国《2019年数字经济报告》指出：数字化正在以不同的方式改造价值链，并为增值和更广泛的结构变革开辟新的渠道。全球企业加速进入数字时代。数字密集型、轻资产商业模式备受推崇。"数字化就是当前这个世纪进程的下一个篇章。"①

（一）以数字化引领产业体系现代化

发展现代产业体系，必须加快数字化发展，以数字化引领产业体系现代化重点围绕四个方面展开。

一是产业数字化。用数字技术改造提升传统产业，量大面广，是数字经济的主体。包括传统产业由于应用数字技术所带来的生产数量和生产效率的提升，其新增产出成为数字经济的重要组成，属于数字经济融合发展部分。中国信通院《中国数字经济发展白皮书（2020年）》数据显示，2019年产业数字化规模达28.8万亿元，在GDP中占比29%，在数字经济中占比80.2%。

二是数字产业化。将信息和知识转化为生产要素，发展形成新产业、新业态。诸如电子信息制造业、信息通信业、软件

---

① 《全球企业加速进入数字时代》，《参考消息》2020年12月29日第4版。

服务业等，构成数字经济基础支撑。2019 年这些产业规模达 7.1 万亿元，在 GDP 中占比 7.2%，在数字经济中占比 19.8%。[①]

三是应用场景化。通过场景化消费和知识与信息服务，塑造更多可视化、互动性数字应用场景，引导需求取向，调整资源配置方向，增强需求适配性。疫情防控催生基于互联网的"非接触经济""线上经济"，如直播带货、线上教育等场景。

四是数据资产化。数据成为重要生产要素和战略资源。据国际数据公司（IDC）发布的《数据时代 2025》预测，2020年，全球数据量会达到 44ZB，2035 年达到 1.9 万 ZB（1 ZB = 10 亿亿字节）。海量数据资产，面临价值化、资产化、产权化，随着数据资产确权、流转，推动数据资产实现可交易化，从而加快数据资产交易中心建设。

数字化发展涵盖了经济社会数字化发展全过程，既包括数字化在经济社会领域广泛渗透，也包括经济社会领域的规模数字化过程。

（二）发展新实体经济

发展现代产业体系，要把发展经济的着力点放在实体经济上，通过数字经济和实体经济深度融合发展"新实体经济"。实体经济是产业体系的根基，发展现代产业体系必须在发展实体经济上重点发力，通过发展实体经济进一步强化现代产业体系的实体支撑。但需要指出的是，发展现代产业体系所要求的实体经济并非通常意义上的实体经济，而是通过数字化转型或

[①] 数据来源：中国信息通信研究院：《中国数字经济发展白皮书（2020 年）》。

者是与数字技术深度融合而形成的新实体经济,这是现代产业体系的基本构成,也是发展现代产业体系的重要实现形式。

有专家曾明确提出,用现代科学技术赋能实体经济,打造数字、智能、信息科技与实体经济深度融合的"新实体经济"。区别于传统实体经济,其特点是以知识、科技、互联网、数据信息、计算能力为核心驱动,提升实体经济的质量效益。[①]

发展现代产业体系就是优化配置各类生产要素的过程,通过发展新实体经济带动整个实体经济优化升级,促进经济实现结构性变革。数字化赋能现代产业体系建设,要更加突出其现代性,以现代国际先进水平为基准,综合运用数字技术,发挥平台体系优势,贯通产业体系建设全过程,全面提升产业体系水平。

(三)发挥平台优势

发展现代产业体系,必须更好发挥平台优势,以平台体系重组产业链。通过平台赋能产业链,促进产业深度融合,增强产业链韧性。充分发挥平台优势,深化线上线下融合发展,沿产业链深度融合线上能力和线下生产力。促进产业链各环节互联互通,形成产业链企业间协同互动,产业链、供应链、价值链联动发展。增加产业链的稳定性、安全性、开放性。

平台化使企业联结方式发生根本性变化,平台成为产业组织者,企业从过去垂直分工的组织体转变为平台经济体,平台

---

① 吴君杨:《打造数字科技与经济发展深度融合的"新实体经济"》,《中国党政干部论坛》2020年12月26日。

集合线下存量与流量，建立赋能型产业共同体。为关联企业精准对接供求信息，整体降低交易成本，全面提升产业链效率。打通供给端到用户端，取消许多中间环节，从而缩短供应链，优化产业链，提升价值链。数字化生产流水线、数字化物流流通系统、数字化产能预测和数字化销售平台，产业数字化正在为传统产业带来全方位的数字化赋能。

同时，平台汇聚数据等要素资源，通过数据的积累与整合，推动数据生产资料与各大产业、各个行业深度融合，赋能产业链的各大环节，包括生产、流通、分配和销售全过程。从而创造应用新空间，完善产业链新功能。

（四）提高全产业链水平

建设现代产业体系，要以推进企业数字化转型为重点，着力提高全产业链水平。数字化加快布局发展，全球企业加速进入数字时代。2020年世界贸易组织（WTO）发布的名为《2020年世界贸易报告：数字时代促进创新的政府政策》的年度报告指出，世界经济正向数字化和信息化转型，大约115个国家已经制定了"新产业政策""工业4.0"或"数字转型计划"。与此同时，企业数字化转型加速，并且极大地提升了企业转型的主动性。面向新形势新发展，加快推进企业数字化转型要着重在以下几个方面重点推进。

1. 强化数据驱动。通过数据业务化、业务数据化，构建线上线下、全流程、一体化驱动系统。深入业务场景挖掘数据，将业务场景和系统中产生的数据有效沉淀和挖掘利用，为智能决策和优化流程服务。强化数据驱动的前提是数据流动和保护。麦肯锡2016年的研究表明,自2008年以来,数据流动对全球经济增长的贡献已经超过传统的跨国贸易和投资,成为推动全球经济发展的重要力量。① 适应发展趋势需要,必须扩大数据市场开放,使数畅其流、有效应用。同时,要加快建立数据资产的保护体系。有序扩大通信资源和业务开放,探索适时加入区域性国际数据跨境流动。

2. 推动系统性优化。系统集成是数字化的基本特征,对于企业数字化转型具有决定意义。企业数字化转型必须从业务链全局系统设计,实现业务链的整体数字贯通,形成系统性优化。而不是局部性改进、片断化应用,更不是各个业务领域数字化的简单叠加。

3. 构建开放性企业数字化平台。数字化让平台成为产业组织核心、运行主体。通过平台赋能,推动形成生产、生活、生态融合发展,形成创新引领、要素富集、空间集约、宜居宜业的产业生态。进行内、外部合作伙伴协同共建,打造数字密集型产业共同体。

4. 扩大应用数字孪生技术。以数字化方式创建物理实体的虚拟实体,精确地对现实进行仿真表现。数字孪生技术与各产业融合正不断深化,尤其是在制造业领域更是显现特有的优势。例如,协助进行预测性维护、优化运营效率以及确定资产维护策略。

---

① 麦肯锡全球研究院(MGI):《数字全球化:全球流动的新时代》,https://www.mckinsey.com,2016年3月。

5. 加快工业互联网发展。推进工业互联网、工业云平台、工业 APP 布局，支持企业"上云用数赋智"，推广工业企业设备联网上云、数据集成上云等深度用云模式。推动实现个性定制、联程设计、协同制造、延伸服务。工业互联网被喻为制造业数字化转型的"金手指"，2020 年已经覆盖全国 300 多个城市，连接超过 18 万家工业企业。①

6. 打造跨越物理边界的"虚拟"园区和产业集群。形成由数据驱动、平台支撑、高度协同的在线生态系统，以共创、相互赋能、共享的合作模式，放大协同效应。

同时，加快形成以数字产业集群为主体的经济新优势，聚焦产业集群应用场景营造，放大产业集群效应。

二 推动数字经济和实体经济深度融合

"十四五"规划《建议》明确提出，推动数字经济和实体经济深度融合，是发展现代产业体系的必由之路。随着加快数字化发展，推动数字经济和实体经济深度融合成为经济体系深层次变革和经济格局持续优化的关键之举，对于实现我国经济发展的深层变革具有极其重要的意义。

（一）深化对推动数字经济和实体经济深度融合的认识

数字经济和实体经济深度融合，实质上就是实体经济数字化和数字经济实体化的过程。以产业数字化、数字产业化、应用场景化为路径，以数据为要素支撑、平台为主要载体，推动

---

① 谢玮：《工业互联网：制造业数字化转型的"金手指"》，《中国经济周刊》2020 年第 20 期。

产业体系现代化。

第一，推动数字经济和实体经济深度融合的意义。从全局发展的高度来审视，推动数字经济和实体经济深度融合具有深层含义。其一，要防止数字经济"脱实向虚"，即国外学者讲的经济"去物质化"。随着数字经济的快速发展，在推动经济水平提升的同时，也存在过度消费化和过度娱乐化，以及平台失序、数据裸奔等现象。通过"深度融合"有助于从根本上加以解决。其二，要防止实体经济低水平循环，形成代际落差，影响高质量发展进程。我国经济总体规模很大，但发展水平参差不齐，实体经济总体上滞后发展。要通过"深度融合"促进转型升级。其三，要防止数字经济和实体经济各行其道，畸轻畸重，甚至相悖发展。既不能简单维持实体经济发展现状，也不能以数字化发展挤压实体经济发展空间。通过"深度融合"，再造经济新形态、重塑发展新优势。

第二，数字经济和实体经济深度融合要把握其重点。首先，融合的主体在同一维度上，是数字经济和实体经济间的融合，这完全不同于数字技术与实体经济融合，技术层面的融合更多强调推动产业数字化转型，或者用数字技术改造提升传统产业，这仅仅是深度融合的一个方面，或者说是一个条件。数字经济和实体经济深度融合是全方位、全流程、全领域的融合，通过深度融合着力于塑造经济新形态。

其次，深度融合深在何处？深度融合不是简单的结合，不是实体间的自由组合和横向联合，更不是数字经济＋实体经济。"深度融合"是内生的融合，是体制性、机制性、生态性和效率性的融合。主要体现在：体系化重构：发展现代产业体系；机制化转型：促进传统产业数字化转型；生态化重组：构建全新产业生态体系；效率化提升：促进产业全面提质增效。

第三，推动数字经济和实体经济深度融合重在推动主体和推动方式的创新。首先，要坚持市场在资源配置中起决定作用和更好发挥政府作用的原则，着重在动力机制上实现融合创新。其次，要创新融合方式，坚持数字化引领，推进数据化融合、平台化融合、场景化融合、产业链融合。真正体现融合的"深度"，而不是停留在"结合"的浅层。

（二）推动数字经济和实体经济深度融合的理论视角

一是现代经济融合趋势。产业革命是技术驱动的结果，也是融合发展的产物。历次产业革命的核心效应就是通过技术经济的内在融合，在提高生产力的同时，推动生产方式变革，形成新的经济成长阶段。因此，历次产业革命都是核心产业技术驱动经济融合发展实现的。它不是否定之否定，而是融合再融合，通过融合造就新的生产方式。正如机器替代手工劳作，大大提高了生产效率，但并没有否定生产本身，而是通过变革生产方式促进生产效率提高。

二是技术进步规律。技术突破往往是多学科交叉融合的结果，现代科学日益显现这一特征。多学科、跨学科融合是当代科学和技术解决问题的创造性方法，体现了广泛联系和融合创新，是现代科学技术发展的趋势，是科技创新的源泉。据统计，1901—2008年，颁发的自然科学诺贝尔奖中，学科交叉的研究成果占获奖总数的52%。最近几年，这一比重上升到

66.7%。可见，融合乃是技术进步的规律。

近年来，正是互联网、大数据、云计算等数字技术的融合创新，推动数字经济加快发展，创造了深度融合的有利条件。在过去的十年，光纤通信容量提升了 100 倍，移动通信速率提升了 1000 倍，超算能力提升了 1000 倍，数据量提升了 32 倍，[①] 为数字化发展提供了强力支撑，也为数字经济与实体经济深度融合奠定了坚实基础。

三是数字经济属性。数字经济是高度信息化的经济，既是融合发展的结果，更具有万物互联的属性，通过广泛的联通而不断放大驱动效应。同时，数字经济也具有很强的渗透性。根据中国信通院发布的《全球数字经济新图景（2020 年）——大变局下的可持续发展新动能》，2019 年全球服务业、工业、农业数字经济渗透率分别为 39.4%、23.5%、7.5%。通过在经济各领域的渗透实现有效融合。

四是平台经济特征。平台是数字经济的主要形态，所谓数字化平台，通常是指大数据、人工智能、移动互联网、云计算、区块链等一系列数字化技术组成的"数字综合体"。[②] 平台是以互联互通为主要特征的，把各种要素资源汇聚于平台，并通过平台赋能促进深度融合，形成平台经济生态。

五是数字孪生特点。数字孪生是充分利用物理模型、传感

---

① 邬贺铨：《下一个十年是发展智能经济的关键时期》，中国新闻网，https://www.chinanews.com.cn，2020 年 10 月 27 日。

② 黄奇帆：《数字化平台拥有的"五全信息"的基因具有强大的颠覆性作用》，中国财经网，https://www.fecn.net，2020 年 10 月 25 日。

器更新、运行历史等数据，集成多学科、多物理量、多尺度、多概率的仿真过程，在虚拟空间中完成映射，从而反映实体装备的全生命周期过程。数字孪生模型是当前实物资产的数字化表现，或者说是现实物理空间的数字呈现，是资产和流程的软件表示，是普遍适用的理论技术体系，可以在众多领域应用。目前在产品设计、产业制造、医学分析、工程建设等领域应用较多。这种数字模拟仿真方式，既可精准刻画、精细设计，又能节约时间成本，提高工作效率，有利于在更深层次上推动数字经济和实体经济的深度融合，并且可以降低融合成本，提高融合效率。

（三）推动数字经济和实体经济深度融合的路径选择

1. 基于工业互联网融合。工业互联网的联通优势，有助于重构产业体系，例如在生产制造领域，可以通过物联网技术采集设备信息，结合大数据分析来优化制造生产流程，精准配置生产力，形成协同制造优势，推动相关产业集群发展，从而实现产业链各环节的优化。当前，我国工业互联网仍处在发展过程中，有些功能还没有充分发挥，甚至还存在一些短板。德国智库墨卡托中国研究中心在2020年发布了《中国数字平台经济：针对工业4.0的发展评估》，报告把工业互联网定义为：工业互联网平台对应的即为"数字工业平台"。报告认为中国工业互联网有三大短板：中国制造业总体数字化程度低；中国缺乏核心部件和人力资源，大部分工业互联网平台没有核心竞争力；中国工业互联网平台没有用于高价值创造。但是，随着我国5G+工业互联网的大力推进，将进一步强化工业联网的功能，提升应用水平，并将从更深层次上推动数字经济和实体经济融合发展。根据中国信息通信研究院《5G经济社会影响白皮书》的测算，到2030年，5G将带动我国经济总产出、经济增加值、就业机会分别为6.3万亿元、2.9万亿元和800万个。①

2. 通过平台赋能促进产业深度融合。平台具有集聚资源和互联互通优势，最突出的特征就是信息精准匹配，产业间深度融合，由此深刻改变产业链形态。有专家曾形象地概括为，"将传统经济链条式的上中下游组织重构成围绕平台的环形链条"②。因此，要更好发挥平台效应，最大限度地整合线上线下资源，打通产业边界，推动产业深度融合。

当前，要运用新一代信息技术，探索构建适应企业发展需求的"数据中台""业务中台"等新型架构模式。依托平台优化资源、重构流程，实现平台接单、按工序分解、各工厂协同的共享制造模式，不断创造产业深度融合的新路径。

3. 数据驱动深度融合。数字时代数据成为重要生产要素，也是驱动发展的重要力量，信息流引领技术流、资金流、人才流，并不断向各个领域渗透。从而拓展业务的边际，推动产业跨界融合，最大限度地实现了规模经济和范围经济，不断形成经济新形态。所以，推动数字经济与实体经济深度融合要以数据为本，以数据确权与分享为原则，形成基于数据的产业共

---

① 《2030年5G有望带动经济产出6.3万亿》，海外网，http://www.haiwainet.cn，2017年6月14日。

② 吕本富：《从平台经济到平台经济学》，《财经问题研究》2018年第5期。

同体。

4. 基于新场景的融合。随着"5G+"互联网规模推行，将会创造出源源不断的数字化新场景。打造全行业全链条数字化应用场景，推动形成新业态、新服务、新模式，促进数字经济与实体经济在新的场景中实现更高水平的融合发展。

5. 打造产业生态，促进深度融合。加快产业数字化、网络化、智能化，通过对人、机、物的全面互联，推动形成全新的生态系统、全新的产业氛围，最大限度整合资源、融通发展，促进在同一生态条件下，实现数字经济和实体经济深度融合发展。

第二章

国有企业在产业链供应链现代化中的作用

党的十九届五中全会通过的《中共中央关于制定国民经济和社会发展第十四个五年规划和二〇三五年远景目标的建议》将"提升产业链供应链现代化水平"作为加快发展现代产业体系、推动经济体系优化升级的重点任务，并明确提出，今后五年，我国"产业基础高级化，产业链现代化水平明显提高"。这意味着党中央把提升我国产业链供应链现代化水平作为一项重要任务，置于前所未有的战略高度。究其原因，在于产业链供应链现代化水平关乎我国经济社会发展的全局和第二个百年奋斗目标的实现，特别是关乎能否成功构建以国内大循环为主体、国内国际双循环相互促进的新发展格局。如何提升产业链供应链现代化水平，既是亟须破解的重大政治经济学理论问题，也是牵一发而动全身的重大战略部署与实践问题。国有企业作为中国特色社会主义的重要物质基础和政治基础，作为中国特色社会主义经济的"压舱石"和"顶梁柱"，必须把自身发展和国家需要相结合，为经济社会发展全局提供战略支撑。因此，在提升产业链供应链现代化水平、推动产业链供应链转型升级中，国有企业有责任、有义务、有条件发挥带动、引领和保障作用。

第一节 产业链供应链现代化相关概念内涵与特征

近年来，以习近平同志为核心的党中央高度重视产业链供应链现代化问题。在 2019 年 8 月 26 日召开的中央财经委员会第五次会议上，习近平总书记提出"打好产业基础高级化、产业链现代化的攻坚战"[①]。2020 年 4 月 10 日，习近平总书记在中央财经委员会第七次会议上的讲话中强调："产业链、供应链在关键时刻不能掉链子，这是大国经济必须具备的重要特征""为保障我国产业安全和国家安全，要着力打造自主可控、安全可靠的产业链、供应链"[②]。2021 年 1 月 11 日，习近平总书记在省部级主要领导干部学习贯彻党的十九届五中全会精神专题研讨班上对加快构建新发展格局进行了重要部署，特别强调要"推动我国产业转型升级，增强我国在全球产业链供应链

---

① 《习近平主持召开中央财经委员会第五次会议》，新华网，http://www.xinhuanet.com/2019-08/26/c_1124923884.htm。

② 习近平：《国家中长期经济社会发展战略若干重大问题》，《求是》2020 年第 21 期。

第二章
国有企业在产业链供应链现代化中的作用

创新链中的影响力""加强创新链和产业链对接"①。2021 年 7 月 30 日习近平总书记在主持召开的中共中央政治局会议上提出：要强化科技创新和产业链供应链韧性，加强基础研究，推动应用研究，开展补链强链专项行动，加快解决"卡脖子"难题。② 可见，产业链供应链问题在习近平新时代中国特色社会主义思想中具有重要地位。实现产业链供应链现代化是成功构建新发展格局的关键环节，产业链与供应链、创新链、科技链密切相关、相辅相成。

在经济学中，产业是指生产同类或者有密切替代关系和竞争关系的产品和服务的企业的集合，是社会分工和生产力发展的结果。随着生产力的发展，产业的内涵不断充实、外延不断拓展。现实中，同一（类）企业，依据不同的标准，就可能从属于不同的产业部门，随着分工的深化、科技的发展，产业在不断细分，产业分类日益呈现多样化、复杂化。产业链是上下游企业或各个产业部门之间基于一定的技术经济关联和时空布局关系而形成的链条式分工协作与关联形态。产业链是一个包含着价值链、企业链、供需链、创新链（科技链）和空间链五个维度的概念，产业链内部的企业群体存在相互依存和价值交换等关系，彼此构成一个生态系统。产业链现代化本质是产业现代化内涵的延伸和细化，

---

① 《习近平在省部级主要领导干部学习贯彻党的十九届五中全会精神专题研讨班开班式上发表重要讲话》，中共中央党校（国家行政学院）网站，https://www.ccps.gov.cn/xtt/202101/t20210111_147076.shtml。

② 《中共中央政治局召开会议分析研究当前经济形势和经济工作 中共中央总书记习近平主持会议》，中共中央党校（国家行政学院）网站，https://www.ccps.gov.cn/xtt/202107/t20210730_150058.shtml。

是指用先进的科学技术、产业组织方式和新业态、新模式来对传统的产业链进行转型升级，使产业链具备高端链接能力、自主可控能力和领先于全球市场的竞争力水平。在全球化视角下，产业链供应链现代化涉及国际竞争力、盈利能力、自主可控性、安全稳定性、创新引领性等方面的内容。

现代化的产业链供应链应具备如下特征：一是产业基础高级化。没有产业基础的高级化，就不会有产业链供应链的现代化，前者是后者的前提条件。产业基础主要包括：产业发展所必需的基础关键技术、先进基础工艺、基础核心零部件和关键基础材料，即工业"四基"。"产业基础高级化"包括：产业基础能力高度化、产业基础结构合理化和产业基础质量巩固化，是能力、结构和质量三者的统一。二是产业链供应链安全稳定、核心技术自主可控。现代化的产业链供应链必须实现高水平科技自立自强，只有这样才能确保产业链供应链安全稳定，关键时刻不被卡脖子、掉链子。三是高附加值、高盈利能力和高国际竞争力。现代化的产业链供应链一定是高度国际化且具有国际竞争力、影响力，具有高附加值和盈利能力的产业链供应链。其中主要产品和服务处于全球价值链中高端，而且能够在全球范围内自主配置资源、进行资源整合。四是绿色化、生态化。随着人们对健康与节能环保的日益重视，产业链供应链整体上向低碳、绿色、循环、可持续方向发展，整个产业链供应链与自然和谐共生，注重生态平衡既是大势所趋，也是必不可少的要求。现代化的产业链能够实现高效的产出和资源环境的持续利用。五是数字化、智能化、网络化和韧性。现代化的产业链能够利用人工智能、大数据等现代信息技术打造智能化、信息化、网络化的供应链。同时供应链能根据市场的变化，灵活、及时做出调整，在市场上出现危机时具有较强的韧性和抗冲击力；产业链上下游和生产制造各环节等衔接紧密、有高度协同性。

第二节 我国提升产业链供应链现代化的必要性与紧迫性

当前，新一轮科技革命和产业变革正在重构全球创新版图、重塑全球经济结构。受新冠肺炎疫情全球大流行影响，百年未有之大变局加速演变，大国之间竞争不断加剧。产业链供应链稳定发展问题对于我国这样的大国变得日益重要，已经由一个单纯的经济问题变成政治和安全问题。我国刚刚完成全面建成小康社会的第一个百年奋斗目标，正在向全面建成社会主义现代化强国的第二个百年奋斗目标迈进。立足新发展阶段，贯彻新发展理念，构建新发展格局，推动高质量发展都需要以产业链供应链安全稳定和现代化为基础和前提。没有产业链供应链的现代化就不会有经济现代化，没有产业链供应链的稳定就无法畅通国内大循环、抵御各种风险，难以在推进更高水平对外开放的同时确保我国安全和发展利益。因此，实现产业链供应链现代化是国家重大战略问题。

经过新中国 70 余年特别是改革开放 40 多年的发展，我国由一个贫穷落后的农业国成长为世界第一工业制造大国，不仅建成了独立完整的产业体系，而且深入参与全球分工，在全球产业链供应链中占据独特的地位，特别是在加工制造方面成为重要的一环，以"世界工厂"著称。目前，中国是全世界唯一拥有联合国产业分类所列全部工业门类的国家，拥有41个工业大类、207个工业中类、666个工业小类，基本实现产业全覆盖。世界500多种主要工业产品中，我国有220多种产量居世界第一。如我国是全球最大的消费电子产品生产国和出口国，手机、计算机、彩电产量占全球总产量的90%、90%和70%以上。自2009年起，我国已连续多年稳居全球货物贸易第一大出口国地位。在产业技术发展方面，企业研发力量不断增强，2017年中国成为第二大国际专利申请国，仅排在美国之后；部分产品技术已达到国际先进水平。以5G为代表的新一代信息技术、高速铁路、特高压输变电、三代核电、载人航天、探月工程、新一代运载火箭等领域取得重大突破，越来越多的产业技术水平实现从跟跑向并跑、领跑的跨越，一些产业和企业已经占据产业链供应链的中高端。以上成就是我国提升产业链供应链现代化水平的坚实基础。但也要看到，我国产业总体上大而不强，全而不优，处于全球产业链供应链价值链的中低端，出口产品中拥有自主品牌的不足20%，特别是关键核心技术受制于人的局面没有得到根本改变，不仅投资回报率和经济附加值低，还存在被"卡脖子"的风险。

一 产业基础薄弱，关键核心技术、材料和设备受制于人

我国在深化改革和对外开放的过程中，依靠低成本生产要

素供给、规模巨大的国内市场等比较优势实现了后发赶超，全面嵌入到全球产业链供应链体系中。但是，对于市场换技术和模仿创新的依赖也导致产业基础能力不足和关键核心技术缺失，引发"缺芯少核"、产业链供应链低端锁定等一系列问题。有资料显示，我国核心基础元器件、关键基础材料、先进基础工艺、产业技术基础水平等对外技术依存度在50%以上，与发达国家平均30%以下、美德日的5%以下有很大的差距。据工信部副部长、国家制造强国建设领导小组办公室主任辛国斌在"2018国家制造强国建设专家论坛"上介绍，工信部对全国30多家大型企业生产所需的130余种关键基础材料进行调研，其中，32%的关键材料在我国仍为空白、52%严重依赖进口，绝大多数计算机和服务器通用处理器95%的高端专用芯片、70%以上智能终端处理器以及绝大多数存储芯片依赖进口。在装备制造领域，高档数控机床、高档装备仪器、运载火箭、大飞机、航空发动机、汽车等关键零部件精加工生产线上逾95%制造及检测设备依赖进口。①《科技日报》通过设立"亟待攻克的核心技术"系列专栏，梳理了工业"四基"涉及的35项"卡脖子"技术产业基础能力，除了基础元器件、核心零部件、基础材料，还包括配套的基础软件和计量、标准、认证等基础服务体系。长期以来，我国忽视工业软件和基础软件的建设，导致信息化背景下设计软件、操作系统、算法等被国外企业垄

---

① 工信部：《清醒认识我国制造业创新短板 130多种关键基础材料32%在中国为空白，52%靠进口》，《有色金属报》2018年8月13日。

断,产业发展"重硬轻软"现象突出。在操作系统、工业机器人算法、EDA 工业软件等领域,我国与国外的技术差距在 20 年以上。我国大部分产业没有形成自己的关键技术标准和可靠性标准,产品规格和产业标准大多依照发达国家制定的标准,产品检测检验设备大多依靠进口,产品质量认证水平落后于我国产业的发展水平,在国际上缺乏产业标准体系制定的话语权。

二 产业链供应链控制能力弱,产品附加值较低

在经济全球化背景下,我国长期通过"两头在外"的发展模式积极参与国际劳动分工与贸易,逐步从初级产品供给者转变为中高级产品供给国,正在从制造大国向制造强国迈进。但我国制造业整体上仍处于全球产业链供应链价值链的中低端,对于产业链供应链关键环节控制力与主导权较弱,缺少具有国际竞争力的"撒手锏"技术。从不同产业的增加值来看,中国产业增加值增长幅度显著低于总产出增长水平,这反映出在产业链供应链发展过程中,各个行业增加值率(增加值/总产值)低下。根据全球投入产出表(WIOD 2016)的数据计算,中国的产业增加值率在全球 9 个主要经济体排名中处于下游位置。在技术密集型产业中,中国在化工行业、电力机械行业、计算机和电子行业增加值率分别为 16.16%、15.72%、16.54%,远低于美国 44.48%、42.79%、69.23% 的水平。由于产品附加值相对较低,产业整体国际竞争力较弱,中国并没有充分获得经济全球化带来的利益,在全球产业链竞争中所获收益受限。从企业盈利水平来看,在 2019 年上榜的世界 500 强企业中,除去银行业的中国 108 家企业平均利润为 19.2 亿美元,

而以同样标准计算的美国企业平均利润为51.8亿美元，是中国企业的近3倍。根据中国工程院战略咨询中心发布的《2020中国制造强国发展指数报告》，我国在"制造业增加值率"这一指标上表现明显乏力，和美国、日本、法国、德国等制造强国有倍数级差距。

三 部分产业链供应链对外依存度高，产业安全受到威胁

随着劳动分工深化，产业链供应链的不同生产环节分布在不同国家，产业链供应链各个环节的联系日益增强，这也加大了全球产业链供应链的脆弱性。近年来，中美贸易摩擦以及新冠肺炎疫情的全球蔓延对我国的供应链造成严重冲击，大大增加了产业链供应链"断链"风险。从重要资源能源进口规模来看，我国多种战略性资源和能源进口规模不断扩大，对外依存度增加，面临的潜在风险不断加大。根据国家统计局数据，2021年我国原油进口量比上一年下降了5.4%，但仍达51298万吨。根据WIND数据库，我国原油对外依存度从2000年的26.85%达到2020年的72.6%，已经远远超过60%的安全警戒线。在矿产资源方面，由于我国拥有的铁矿石资源品类较低，近年来铁矿石的进口规模也不断增加。根据海关总署统计数据和WIND数据库，2020年我国铁矿石进口量已经达到11.7亿吨，占全球进口总量的70%以上，对外依存度达到85%。其他矿产资源如铜的对外依存度为88%，铬达到90%，镍达到80%，钴达到95%。我国重要资源能源呈现出对外依存度高、消费量占全球比重高、储备规模占全球比重低的特点，这给我国资源能源安全和相关产业安全带来严重威胁与挑战。从中国对进口输入型供应链的依存度来看，根据 Uncomtrade 数据库 2018 年核算结果，在我国的进口零部件中，电子通信行业占比 79.48%，装备制造行业占比 11.59%，交通运输设备占比 7.75%；美国、德国、日本和韩国是我国的主要进口来源国。一旦发生外部冲击致使供应链"断链"，将严重制约中国高技术产业发展。

以上足以说明当前我国提升产业链供应链现代化水平的必要性与紧迫性。我国经济已迈向高质量发展阶段，经济结构优化和提质增效是"十四五"时期工作的重点。构建以国内大循环为主体、国内国际双循环相互促进的新发展格局的核心是实现高水平自立自强，对内扩大内需，对外提高竞争力和抗风险能力，其中的关键是建立现代产业体系、突破关键核心技术、提高自主创新能力，进而提升产业链供应链安全和实现产业链供应链现代化。因而，推动产业转型升级，实现我国从制造大国到制造强国的转变，提升产业链供应链现代化水平的有关举措必须尽快落实到位并取得实质进展。

第三节　国有企业提升产业链供应链现代化水平的理论逻辑与现实基础

提升产业链供应链现代化水平涉及跨越式发展和市场失灵问题。必须既要充分发挥市场在资源配置中的决定性作用，更要发挥好政府的顶层设计与引导作用，发挥社会主义集中力量办大事和新型举国体制的优势。作为国家战略支撑力量和国民经济的主导力量，国有企业因其特殊的性质与功能，具有承担产业链供应链现代化排头兵和顶梁柱的政治使命与物质基础，因此责无旁贷。

一 国有企业提升产业链供应链现代化水平的理论逻辑与作用机理

现有理论研究认为，提升我国产业链供应链现代化水平主要有以下途径：第一，充分利用好中国集中力量办大事的制度优势，集中研发攻关"卡脖子"技术。第二，充分培育和利用我国超大规模市场优势，并在国际产业链供应链竞争中获得巨大的比较优势。第三，通过实施创新驱动发展战略，培育基础研究与技术开发能力，提高产业链供应链自主可控能力和水平。第四，通过协同创新实现产业链供应链水平的提升，还要促进产业发展与科学技术、现代金融、人力资源等创新要素之间的协同，实现产业链供应链、技术链、资金链、人才链协同发展。第五，形成以企业为主导的融通创新体系，充分发挥国有企业作用，同时促进民营企业与国有企业在提升产业链供应链现代化水平过程中责任共担、利益共享。第六，培育产业链供应链上的"隐形冠军"，鼓励企业专业化发展，发展和培育一批"专精特新"中小企业。第七，发挥产业联盟和协会的作用，建立共性技术平台，实现跨行业、跨领域共性技术和关键技术问题的解决，引导产学研联动发展，形成支撑产业链供应链水平提升的协调机制。第八，深化拓展国际合作，积极探索国际合作新模式，充分利用全球创新资源。

在此基础上，根据产业链供应链现代化的内涵、特征及我国产业链供应链现状，我们认为提升我国产业链供应链现代化水平应从以下几个方面同时着手：一是提高产业基础能力，加强基础设施建设。产业基础能力涵盖底层技术、基础零部件和材料、基础设施、基础研发、产业环境和人才队伍。提升产业链供应链现代化水平要全面提高产业基础能力，构建系统完备、高效实用、智能绿色、安全可靠的现代基础设施体系。二是突破关键核心技术，确保产业安全。实践一再证明，"关键核心技术是要不来、买不来、讨不来的"，缺乏关键核心技术的产业和产业链表面看上去再繁荣也有被"卡脖子"的安全隐患，有轰然倒塌的风险。因此掌握关键核心技术是产业链供应链现代化和自主可控、安全稳定的关键。三是补齐当前产业链供应链的短板，做强产业链供应链薄弱环节。当前重点要加大补短板的力度，促进产业体系功能性提升、完整性发展。同时在我国产业链供应链的薄弱环节上加大投资发展力度，如研发、设计、生产性服务，以及高端芯片、高端数控机床、精密仪器、高端发动机、先进的医疗设备、高端螺栓、高端轴承、高端传感器、种业等领域。四是锻造产业链供应链长板，推动制造业转型升级。要更好发挥制造业优势，保持制造业比重基本稳定，强化产业链供应链现代化的基础支撑；同时推动传统产业高端化、智能化、绿色化，再造产业链供应链整体发展新优势。五是推进产业链供应链数字化、智能化，大力发展数字经济和智能经济。要大力发展数字技术，发展人工智能、大数据等产业，积极推动企业、产业和产业链供应链数字化、智能化转型，同时发力"新基建"，为数字经济、智能经济发展提供良好的设施、场景与环境。六是实现创新驱动发展，迈向产业链供应链中高端。要发挥企业创新主体作用，坚持"四个面向"，围绕产业链供应链部署创新链，围绕创新链布局产业链供应链，依靠创新促进科技创新与实体经济深入融合，推动全产业链供应链高质量、高标准及绿色发展，大力发展战略性新兴产业，推动产业链供应链整体向中高端转移。而在这些方面，国有企业特别是中央企业都具有其他类型企业所不具备的独特制度与体制优势，能够发挥引领带动作用。

根据以上研究成果和结论，无论从提升产业链供应链现代化的主体、动力，还是从国有企业的性质、功能定位与体制机制和资源优势、产业布局来看，国有企业都有必要也有充分条件发挥关键作用。首先，从性质和功能定位来看，国有企业是全民所有制企业，代表和维护全体人民的共同利益，是党和国家最可信赖的依靠力量，是国民经济的顶梁柱和主导力量，是贯彻落实新发展理念和实施创新驱动发展等国家战略的排头兵、领头雁，应该有更强烈的使命感和责任感把自身发展和国家战略需要紧密结合，坚决贯彻落实党中央关于推进产业链供应链现代化的决策部署。其次，国有企业特别是中央企业作为国家战略科技力量，创新资源丰富，创新平台和要素完备，天然具备集中力量办大事和党的坚强领导等体制优势，有利于在突破"卡脖子"技术、研发共性技术、促进协同创新等方面发挥关键作用。最后，国有企业特别是中央企业大多布局在关系国民经济命脉和国计民生的重要行业和关键领域，近年来又不断布局战略性新兴产业，进行数字化转型，在包括"新基建"在内的基础设施建设方面，在降低成本、提供产业链供应链现代化所需基础和保障方面能够发挥独特作用。

二 国有企业提升产业链供应链现代化水平的现实基础

经过40余年的改革与发展，一批国有企业在市场竞争中浴火重生，其中一些已经成为或接近世界一流企业，并继续朝着这个方向努力。2021年有82家国务院国资委和地方国资委监管企业进入财富"世界500强"。因此，国有企业越来越有能力和条件在提升产业链供应链现代化水平过程中发挥引领和保障作用。

首先，国有企业具有承担国家战略使命与社会责任的优良传统与丰富经验。国有企业作为国家宏观调控的微观基础，将贯彻落实国家战略导向作为微观个体履行社会责任的优先内容，从国家产业链供应链发展的薄弱环节和现实需求出发，与政府、科研机构、民营企业、社会组织等合作，通过技术、产品和服务创新为产业链供应链现代化水平提升提供解决方案，在关键核心技术研发、重大区域发展战略、"一带一路"建设、精准扶贫、保护生态环境等国家重大议题方面承担责任。典型的例子包括中国一重通过自主创新承担国家技术装备国产化首台（套）进口替代的特殊使命；国家能源集团在西藏因地制宜建设首例风电项目，带动地区发展；国家电投在多省区建设村级电站开展"光伏扶贫"；航天科工研发设计中国首座灯塔气象观测站为"一带一路"建设服务；面对新冠肺炎疫情导致的国际物流运输中断，中国远洋海运坚持7×24小时不间断作业，维持所属1300多艘船舶正常航运，全力确保我国国际贸易进出口运输的畅通。

其次，国有企业特别是中央企业具有丰富的技术、资金、人才资源优势，有条件引领产业链供应链发展。在研发投入方面，2019年度中央企业的研发经费总投入为8190.4亿元，拥有有效专利77万项。2020年中央企业研发经费投入同比增长11.3%，研发经费投入强度为2.55%，同比提高0.3个百分点，其中中央工业企业研发经费投入强度达到3%。[①] 国有企业在国家前瞻性领域和战略安全领域承担更多的重大科技创新使命。相对于民营企业将研发投入更多地投向基于市场需求导向的创新链后端应用领域，国有企业在具有重大战略意义的技术和产品研发上投入巨大。比如近年来我国在载人航天、C919大飞机、特高压等领域的重大创新，国有企业都发挥了关键作用。在人才资源方面，国有企业研发人员特别是高学历研发人员集聚。2019年在我国规模以上工业企业中，平均每家国有企业拥有的R&D人员数量（22名/家）是同时期民营企业（7名/家）的三倍。国有企业在研发人员的根植性上强于民营企业，2015—2019年规模以上国有企业中具备中级以上职称或博士学位人员的比重逐年稳步上升，达到45.98%，年均增速6.1%；民营企业这一指标从2015年的29.31%下降至2019年的25.17%，二者"剪刀差"持续扩大。近年来，国有企业通

---

① 《2020年中央企业研发经费投入强度提高至2.55%》，新华网，http://www.xinhuanet.com/fortune/2021-02/14/c_1127099832.htm。

过深化改革创新薪酬分配方式,通过员工持股等模式进一步激发研发人员创新意愿。在创新载体方面,国有企业在重点研发机构方面实力雄厚。截至2018年,全国179家企业国家重点实验室中有超过60%依托于国有企业。国有企业还积极建设超过1251个"双创"孵化平台、147个互联网云平台以及80只创新引导基金,带动产业链供应链上下游协同创新。

第四节 国有企业提升产业链供应链现代化水平的思路和路径

习近平总书记指出:"中央企业等国有企业要勇挑重担、敢打头阵,勇当原创技术的'策源地'、现代产业链的'链长'。"[①] 这实际上给国有企业提升产业链现代化水平指明了方向。在新发展阶段,国有企业还要通过进一步优化布局和结构,聚焦产业基础和基础产业,着力提升产业基础能力,强化产业链供应链薄弱环节;通过突破"卡脖子"技术和关键核心技术、攻克共性技术补齐产业链供应链短板;通过巩固提升优势产业的国际领先地位,开发战略性前瞻性技术,发展新实体经济拉长产业链供应链长板、增强产业链供应链韧性;通过打通产业链供应链的断点、堵点,建立产业备份系统,确保产业

---

① 习近平:《把握新发展阶段,贯彻新发展理念,构建新发展格局》,《求是》2021年第9期。

链供应链安全稳定、自主可控。

一 国有企业提升产业链供应链现代化水平的总体思路

（一）创新强链，引领科技自立自强

提升产业链供应链现代化水平，归根到底已经成为科技问题，要充分发挥国有企业在提升全产业链供应链自主创新水平方面的前瞻性和战略性带动引导作用。国有企业在科技创新方面具有其他所有制企业所不具备的独特体制优势和资源优势，并取得令人瞩目的巨大成就。通过机制改革和制度创新，国有企业在自主创新方面还有较大提升空间，完全可以发挥创新强链、引领产业链科技自立自强的作用。国有企业作为国家战略科技力量和新型举国体制的重要主体，集中了大量创新资源，具有集中力量办大事的优势，是提升产业链创新力的排头兵和主力军。在新发展阶段，国有企业应坚持"四个面向"，积极服务于国家创新驱动发展战略，围绕产业链部署创新链，将创新资源投向产业链重要且薄弱环节，通过加强基础研究，对产业共性技术、关键核心技术和前沿技术进行探索创新，最终形成更具创新力的产业链。

（二）协同固链，实现共生发展

产业链供应链包括上下游及周边多项产业、行业及不同所有制形式企业。国有企业在产业链供应链建设中的作用不仅仅体现在其自身的发展壮大上，而且要促进全产业链供应链的优化升级。当前全球产业分工已经形成复杂的网络体系，任何一条产业链供应链上下游都集聚成千上万家企业。国有企业要主动联系上下游相关企业加强产业协同和联合技术攻关，通过资源整合形成分工合作、互荣共生、利益共享的产业生态。国有企业也可以关注国际产业链供应链上下游的联动，进一步利用全球多元化的产业链供应链体系，借助"一带一路"倡议，带动非国有企业参与到国际大循环中来，提高我国产业链供应链的开放性和安全性。

（三）重点补链，应对断供风险

发挥国有企业"压舱石"的作用，着力缓解关键核心技术"卡脖子"问题和坚决兜住产业链供应链安全底线。第一，国有企业应该充分发挥集中力量办大事的优势，对一些对外依存度高同时又对多个产业和产业链产生重要影响的关键核心技术和"卡脖子"技术进行集中攻关，努力维护我国产业链供应链安全。第二，针对产业链供应链在中美贸易摩擦和新冠肺炎疫情影响下暴露出的断点、堵点和断供风险，提高重要能源和重要物资的储备保障能力，确保物资稳定供应；维护产业链供应链在物流运输、国际化采购、资金周转方面的能力，保证产业链供应链在极端情况下能够快速恢复运转能力，提高产业链供应链韧性。

（四）延伸优链，推动价值升级

延伸优链就是国有企业为提高产业链供应链现代化水平，一方面加快发展数字经济，通过提升自身数字化智能化水平提高运营管理能力，另一方面通过结构软化向生产性服务业领域延伸，培育新业态。国有企业普遍重商品经营、轻服务运营，企业形成的物流能力主要用于内部自我服务，并不具备形成社会化流通服务的现实基础。但是国有企业可以凭借自身的资金优势，在国家政策的引导下向关系国计民生的重要商品经营领域进行投资跟进，在分析产业特性的基础上，通过更加合理的方式向产业链供应链关键环节提供资金融通服务，通过这种方式向流通设施、技术装备建设等环节延伸。国有企业沿价值链从生产环节向研发和营销环节攀升以及通过价值链跃迁跨产业升级，最终都能够达到在最终市场高端化和多元化的目的。

二 国有企业提升产业链供应链现代化水平的实现路径

（一）进一步优化国有资本布局结构，致力于提升产业基础能力

目前国有资本和国有企业尚未根据产业链供应链需要形成清晰的产业链供应链定位。并且过去一段时间，国有企业总体上也呈现出过早"去工业化"和"脱实向虚"的问题。今后，应该依据国有企业功能分类和提升产业基础能力与产业链供应链现代化水平需要，进一步优化国有资本布局结构，聚焦基础产业和产业基础。对于服务于公益目标的企业，也就是现有分类中的公益类企业，布局时不应以逐利为目标，应重点提升国有企业和国有资本对国计民生和公共服务的支持保障能力，加强交通物流基础设施建设，加强公共服务能力、民生服务能力建设，加强应急储备体系建设。对于具有特殊功能的商业类国有企业，国家有关部门应该制定明细的产业链分类目录，明确国有企业需要控制的领域和具体环节，并在此基础上确定国有企业出资形式。对于一般商业性国有企业，应该提高盈利能力和竞争力，向产业链供应链中高端转移和布局。同时推动国有企业向能源、粮食等重要行业和关键领域集中，围绕服务国家

战略和区域经济发展，聚焦主业主责，有针对性地提前调整结构，更好地服务于实体经济。

（二）打造原创技术策源地，提高产业链供应链自主可控制能力

在新发展阶段，国有企业要打造原创技术策源地，同时通过科技创新与实体经济的紧密结合提高产业链供应链自主可控能力。一是要加强基础研究，强化原始创新能力，在颠覆性技术创新方面发挥主导作用。国有企业要从国家当前的紧迫需要和长远发展考虑，集中优势资源进行前沿技术开发，解决关系未来国际产业链供应链竞争的前瞻性重大科技问题；要加快组建一批重点实验室，对我国未来重点布局的新一代人工智能、量子信息、集成电路、脑科学与类脑研究、基因与生物技术等重大科学问题进行研究。二是聚焦关键环节，发挥新型举国体制优势，将创新资源和要素集中投放到投入巨大、技术难度高、市场主体单独难以攻克的重大的、战略性、基础性技术问题上来。在关键共性技术、前沿引领技术和颠覆性技术方面实现重大突破，大幅度提高我国科技创新水平，增强产业链供应链竞争力和创新力。三是牵头组建任务型创新联合体，聚焦产业链供应链核心环节，通过联合科研院所、高校以及民营企业等多元主体联合开展关键核心技术攻关，建立相关产业链供应链知识库、模型库和标准零部件库。国有企业通过推动建设制造业创新创业中心和中小企业服务平台，为民营企业提供技术服务和创新成果转移转化支持。四是建立完善"揭榜挂帅"机制，带动各类创新主体通过科技创新项目深度合作，探索科技

成果转化收益分配和科技项目绩效以及股权、期权等中长期激励方式，打通科技人员成长通道。

（三）发展新实体经济，提高产业链供应链附加值和竞争力

推动产业链供应链价值增值、不断向高端迈进是提升我国产业链供应链现代化水平的核心目标。长期以来，我国制造业整体处于全球价值链中低端，主要集中于加工组装等低附加值环节。伴随新一轮科技革命和产业变革浪潮，以产业数字化、数字产业化、应用场景化和数据资产化为主要内容的数字经济成为全球经济增长新引擎，也是当前我国产业链供应链向高端化迈进的重要契机。《全球数字经济白皮书》统计显示，2020年中国数字经济规模近 5.4 万亿美元，居世界第二位；同比增长 9.6%，增速全球第一。可见我国数字经济发展处于国际领先地位。今后我国要通过数字经济和实体经济深度融合发展"新实体经济"，即以知识、科技、互联网、数据信息、计算能力为核心驱动，提升实体经济质量效益以及产业链供应链附加值和竞争力。在此过程中，国有企业大有可为，可以发挥引领和支撑作用。一是发挥国资国企海量生产数据和丰富应用场景的优势，加快产业链供应链数字化、智能化转型升级，以数字化武装产业链供应链各环节。通过数字化转型将生产数据进行集中感知、聚集、存储、应用，通过数据全面洞悉企业生产运营状态，提升生产效能，推动产业链供应链各环节的价值增值。二是国资国企系统布局新型基础设施，增强物联接入能力，通过构建多层次的工业互联网平台体系，加快突破关键共性技术，完善平台应用生态。国有企业应发挥新型数字基础设

施建设和公共服务供给功能，集中布局5G、工业互联网等"新基建"领域，努力做好"新基建"的研发者、投资者和建设者，为产业链供应链数字化发展提供有力支撑。三是国有企业加快数字化转型，提高自身及产业链供应链整体运行效率，引领产业链供应链全面迈向高端化，实现价值升级的核心目标。

（四）发挥协同整合作用，打造现代产业链"链长"

要充分发挥国有企业的带动和示范作用，使部分有条件的国有企业特别是中央企业承担现代产业链"链长"职能，发挥产业链建设中的协同整合作用。强调国有企业作为"链长"而不是"链主"，是因为在实现产业链供应链现代化过程中，国有企业与其他企业的关系不是支配与控制的关系，而是优势互补、协同作战的关系。国有企业通过发挥技术支撑、组织协同、基础共性技术研发等职能，带动产业链供应链上下游企业共同发展。国有企业作为"链长"，要把重点集中在产业链供应链的"链"上。国有企业要全盘掌握所在产业链供应链的整体发展情况，制定产业链供应链技术发展图谱，应用布局图谱引领、协调供应链、资金链、信息链、人才链共同发展。首先，国有企业要从产业链供应链发展的基础和共性问题着手，通过建立自主技术研发中心等机构推进一批共性技术研发平台和公共服务平台建设，形成良好发展的链状产业生态。其次，国有企业作为"链长"，最终目标是实现产业链供应链协同发展。国有企业应加强产业链供应链上下游的横向沟通协作，进一步聚焦于国家重大战略方向，对数字经济、新型基础设施建设等产业链供应链上下游企业引导和协调。国有企业应主动联系上下游相关企业加强产业协同和联合技术攻关，通过资源整合与共享形成分工合作、互荣共生、风险共担的产业生态。此外，国有企业还要充分利用自身规模与资源优势，以及部分产业龙头地位，巩固提升优势产业的国际领先地位，锻造一些"撒手锏"技术，拉长若干产业链供应链长板。通过持续增强高铁、电力装备、新能源、通信设备等领域的全产业链供应链优势，进一步提升产业质量，形成对一些国家人为断供的强有力反制和威慑能力。

（五）做"走出去"排头兵，提升产业链供应链国际化水平

构建新发展格局不是关起门来搞建设，在畅通国内大循环的同时也要积极畅通国际大循环，深入参与全球产业链供应链分工与建设，共同维护全球产业链供应链安全，提升我国产业链供应链国际化水平。国有企业作为"走出去"战略的排头兵和主力军，要继续深度参与"一带一路"沿线可持续发展。要大力聚焦"一带一路"沿线支点国家和政治经济稳定、法律健全、发展潜力大的重点区域，创新方式路径，主动防控风险，加快推动一批优质项目落地，积极培育新的业绩增长点，真正把国际化战略落到实处。要深入推动"国际化"战略落地生根，坚持以提高质量和效益为中心，统筹利用国际国内两种资源、两个市场，立足自身优势，扩大合作对象范围，建立互利互惠合作共赢的合作模式。要高度重视境外投资并购风险，强化境外投资项目管控，注重文化融合，做到"效益可观、能力可及、风险可控"。要坚持高起点，争做产

业标准制定者，坚决不搞低价竞争。要明确重点，有所取舍，充分发挥公司系统的协同优势，带动自有技术、装备及金融、保险服务共同"走出去"，稳步增加境外资产份额，掌握价值链高端环节话语权。

第三章

国有企业在改善经济"脱实向虚"中的作用

近年来,随着制造业成本上升、利润率下降,互联网经济发展以及数字化进程的加速,实体经济占我国GDP的比重在不断降低。越来越多的制造业企业为了追求资本的高额回报,纷纷参股金融机构,购买各类理财产品、信托贷款、私募基金等金融产品,企业中用于投机获利的资产相较进行实际生产的比例大幅上升。大规模的资金空转不但会对实体经济企业造成严重的"挤出"效应,还会引发资本市场的剧烈震荡,甚至导致实体经济与虚拟经济之间出现严重的结构性失衡。经济"脱实向虚"对我国现代产业体系建设构成严重威胁,国有企业和国有金融机构必须在扭转经济"脱实向虚"、促进经济"脱虚向实"中发挥关键作用。

第一节 经济"脱实向虚"现状分析

从现有数据来看，一方面，非金融企业投资于金融领域的资金比例快速提升，企业中金融资产占总资产的比重以及金融渠道获利占比日益增加。中国沪深 A 股非金融类上市公司的金融资产占总资产的比重从 2010 年的 7.02% 增长到 2019 年的 8.34%，金融渠道获利占比也从 2010 年的 17.1% 增长到 2019 年的 23.9%。另一方面，非金融企业的金融化行为日渐活跃。据 WIND 资讯的统计数据显示，截至 2020 年 11 月，A 股上市公司购买的银行理财产品总金额高达 1.14 万亿元，涉及上市公司 1143 家，大约占当年 A 股上市公司数量的 1/3。

此外，我们还发现（见图 3-1），从 2000 年至 2020 年，上市公司购建固定资产、无形资产和其他长期资产支出的总金额从 1156 亿元上涨到 33809 亿元，增长了大约 28 倍，而企业用于购买股票等金融资产的支出在 2020 年就高达 62059 亿元，比 2000 年增长了约 57 倍。

上述现象和数据均表明，实体经济企业"脱实向虚"的趋势越来越明显。那么如何引导实体经济企业回归主业，促使金融服务实体，进一步优化经济结构是当下亟须解决的课题。

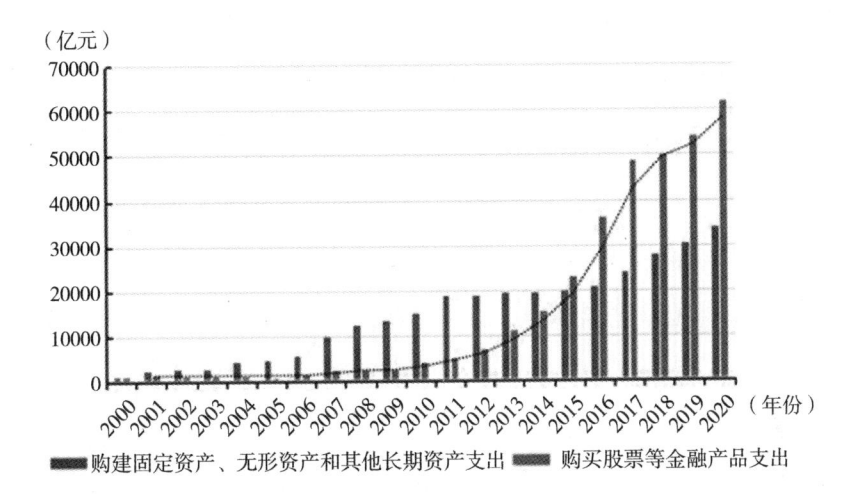

图 3-1 中国 A 股非金融上市公司购建固定资产等以及金融产品支出情况

第二节 经济"脱实向虚"影响因素分析

对于企业"脱实向虚"的动机，基本可以分为两大类，一类是预防性储蓄动机，该动机可以促进企业投资，表现为"蓄水池"效应；另一类是逐利动机，对企业的实体经济投资会产生"挤出"效应。本书从宏观和微观两大视角进行原因分析。

一 宏观层面

（一）宏观经济环境的不确定性

近些年来，国际政治经济格局变化较大，各个国家为应对一些突发性事件，频繁制定各类刺激性方案。为应对国内外经济形势的变化，防止出现人民币大幅贬值，保持外贸进出口稳定,我国也相继出台了一系列经济政策。依据 Baker 等 2016 年开发的数据库,2000 年 1 月至 2020 年 12 月的数据显示,中国经济政策不确定性指数由 44 上升至 606,增长了约 13 倍。① 这种内外经济环境的不确定性在一定程度上会增强企业预防性储蓄动机,抑制企业的长期投资和创新,以及固定资产投资、研发投资等实体经济活动,助推企业倾向于短期金融资产的投资领域。

(二) 宏观产业政策

为促进产业升级,刺激经济发展,政府在各个时期会制定针对性的产业政策,而大部分重点产业政策基本都落实在对企业的信贷支持、税收优惠等方面。受重点产业政策扶持的企业,资金的注入势必会影响其未来的投资决策和方向。适当的产业政策可以抑制企业"脱实向虚"的动机,而一旦产业政策激励过度,资源配置就会向某一领域过度集中。当企业有大量的资源闲置时,便倾向于短期金融资产,进行政策套利。

(三) 金融市场

随着经济体制和金融体制的改革,我国金融市场取得了较快的发展,但在服务实体经济方面,目前仍然存在一些问题。第一,金融配置结构不均衡,造成资金过度流入基础设施、房地产等领域,而制造业和其他行业的贷款占比逐年降低。第二,直接融资和间接融资比例失调,企业直接融资渠道狭窄。第三,金融产品与实体经济产业链的融合创新不足,许多金融

---

① 参见 http://policyuncertainty.com。

创新工具没有真正服务实体企业。第四，货币市场和资本市场缺乏联动效应，导致资金融通不畅。企业在金融市场中得不到应有的资源，有资源的大企业流动性充足，而中小企业却受到融资约束的影响，面临融资难融资贵的困境。金融市场的这种不完备性是导致许多企业"脱实向虚"的外在原因，也是我国经济转型的一个重要制约。

二 微观层面

（一）实体经济的投资回报率

随着互联网金融的兴起，许多实体企业的投资回报率相较虚拟经济而言一直处于较低的水平。实体经济企业每年的利润率平均能保持在10%已经非常不易，但部分金融资产的回报率可以达到100%，甚至更多。实体企业投资回报率不断下滑，投资利差缩小，生产效率低下，创新动力不足，这些都促使企业开始弱化主营业务，转向金融领域获取短期收益。

（二）高管团队的治理能力

高层管理团队的治理能力对企业的投资和创新影响较大。为了满足任期内的评价标准，部分企业高管会短视化公司利润，试图通过投资金融市场获取短期超额利润，然后再反哺企业的实体投资。有研究表明，高管配置金融资产的短期套利行为并没有对实体经济企业的主营业务发展起到促进作用。相反，具有学术背景的高管团队更加注重企业的长期发展和创新，反而可以有效抑制企业的金融化程度。

（三）融资约束

中小企业的融资约束较强，融资难融资贵是一个世界性难题。中小企业没有国有企业和大型企业的抗风险能力强,信息透明,抵押物和担保多,缺乏统一的信用评价体系。所以,即使国家推出了一系列有关中小企业的普惠性政策,信贷市场的结构性失衡仍然比较严重。众多非金融企业通过银行的各种渠道,把流动性转嫁给融资约束高的中小微企业,形成了强大的市场需求,进而促使一大批企业通过金融化的途径寻找新的利润增长点。

除了以上因素,不同类型或者不同区域的实体经济企业"脱虚向实"的现象也会有较大差异。有研究表明东部地区比其他地区的企业金融化程度更高,而跨国企业比其他类型的企业更倾向于金融化。这些企业通过将分公司的利润投入到金融系统,然后以分红、股利或者内部贷款等方式将资金转移,从而达到规避监管的目的。

第三节 促进经济"脱虚向实"的政策建议

一 进一步提高国有金融机构对实体经济的支持和服务水平

首先,国有大型银行要带头用更大力度解决实体经济特别是制造业民营小微企业融资难融资贵问题,要建立"能贷、愿贷、敢贷"的长效机制,特别是要落实好尽职免责机制,提高金融机构对小微企业、民营企业贷款的积极性,实现支持实体经济的目标。同时不断提高直接融资比例,加强资本市场顶层设计,更好地发挥直接融资对实体经济的服务和支持力度,并降低宏观杠杆率。进一步加强金融与其他宏观政策协同配合,支持扩大有效投资、促进国内消费,提高金融服务实体经济水平。其次,开发性金融应通过金融资源的有效配置促进科技创新和传统产业转型升级,加强数字基础设施建设,培育壮大数字经济的新动能,着力提高制造业产业基础能力和产业链现代化水平。最后,金融机构应该着力降低自身成本,提高经营效率和服务意识,从而有效降低实体经济企业融资成本,提高实体经济企业特别是制造业的竞争力和利润率。

二 发挥国有企业在"脱虚向实"中的带动和表率作用

首先,要进一步优化国有资本布局和结构,使国有资本向实体经济的基础领域和关键环节集中。一是要加大重要基础设施和基础产业领域布局,全面提升产业基础水平;二是强化战略性产业布局优化,围绕战略新兴产业、战略安全产业和战略前瞻产业加快布局发展,为实体经济提供安全保障和战略支撑。其次,打造原创技术策源地,为实体经济发展提供战略支撑。国有企业作为国家战略科技力量要发挥集中力量办大事的优势和举国体制优势,着力突破"卡脖子"技术和关键核心技术,提升关键共性技术研发创新能力,提高制造业的竞争力和盈利能力。再次,打造现代产业链"链长",带动实体经济向中高端迈进。国有企业要起到强链、固链、补链等作用,拉长产业链长板、补齐产业链短板,提升产业链现代化水平。复次,国有企业要主动"脱虚向实"、回归主业,并加大对实体经济投资力度。一是减少向虚拟经济领域的投资和投机;二是通过两类公司和发展混合所有制经济向实体经济领域渗透和撬动，发挥杠杆作用带动实体经济发展、实现国民共进。最后，处于产业链上游和基础领域的国有企业要降低成本，提高生产经营效率，以给下游企业降低成本、提升利润创造条件和让渡空间。

三 发挥货币政策和财政政策的联动效应振兴实体经济

稳健的宏观经济运行有助于企业长远规划和创新发展，货币政策和财政政策应相互配合，发挥经济政策的长效机制，共同促进经济可持续平稳运行。一方面，货币政策的制定和实施，要着重防范信贷资金"脱实向虚"。尤其是在量化宽松时期，要加强对货币流动的方向和领域进行跟踪监测，防止信贷资金过多流向金融领域。同时，还要加强对企业经营的监管，预防企业管理者进行金融投机套利活动，削弱"蓄水池"效应。另一方面，财政政策要积极有效，重视和发挥财政资金对社会资金的引领和带动作用。利用好减税降费这一政策优势，营造良好的实业投资和创新氛围，引导实体企业回归本源、专注主业。

四 营造良好的金融生态环境，完善货币市场和资本市场的协同机制

完善金融体系制度建设，建立健全实体经济企业金融投资的审批监督制度，进一步发挥金融市场功能属性。首先，加快建设多层次资本市场，加强货币市场和资本市场配合协同，有效引导金融资本支持实体经济企业发展，让金融回归本源。其次，建立长期有效的金融风险防范预警机制，对可能的风险点

进行动态持续监控和评估。通过借助大数据和云计算等技术，针对不同风险承担能力的实体经济企业，建立差异化风险预警系统，提高其与金融市场之间的信息共享程度，降低企业与金融市场之间的风险联动。最后，积极推进投资者保护体系建设，推广投资者教育，普及金融知识，提高市场投资者的金融素质和风险意识，减少甚至杜绝非金融企业盲目进行金融投资。

五 优化营商环境，促进实体经济高质量发展

打造良好的营商环境有利于提高实业投资的回报率，增加实体经济投资热情。第一，政府要以产业政策为抓手，加大对战略性新兴产业、高新技术产业和其他具有市场潜力的实体经济产业的扶持力度，助力实体经济企业摆脱经济转型期的发展困境，促进实体企业提高自身技术水平，带动产业结构优化升级。第二，打造企业与政府之间互联互通的信息渠道，建立健全政务公开系统，合理引导企业"脱虚向实"。第三，简化行政审批流程，营造良好的实业投资和创新氛围，为实体经济企业专注于主业发展提供有利条件。第四，进一步营造各类所有制企业公平竞争的环境。

第四节 建立"高新设备投资特殊通道"制度促进"脱虚向实"

一 建立"高新设备投资特殊通道"的背景与基本思路

当前，我国面临人口压力与智能设备"挤出"劳动力的矛盾，这为社会保障带来巨大压力。AI 技术的快速发展和企业数字化转型已经并将持续对就业市场产生影响。2021 年 7 月的中央政治局会议提出：要强化科技创新和产业链供应链韧性，加强基础研究，推动应用研究，开展补链强链专项行动，发展"专精特新"中小企业。但是，我国的许多中小高新技术企业苦于高新技术设备投资数额巨大，无力筹措。同时，目前经济发展亟须解决经济"脱实向虚"以及大量的普通劳动者面临着的养老难的问题。通过建立一套"高新设备投资特殊通道"制度来加以解决，即通过集合社会闲散资金，在加强投资高端设备实现劳动替代的同时解决投资者社会福利保障问题。"高新设备投资特殊通道"制度的基本思路如下。

第一，在高新技术企业进行设备投资遇到融资困难，而又缺乏相应抵押品的情况下，由银行开设专门的"高新设备投资专用通道"。由银行对待引入的高新设备进行前期的价格评估，并建立相应的风险评价制度，对于符合条件的设备购买项目给予贷款支持。

第二，待设备引入完成后，银行将可以引入的高新技术设备作为抵押物，形成相应的资产包，并由权威的独立评级机构根据资产包的质量及回报率给予风险评级。

第三，建立与保险机构的投资联动机制。由具有资格的大型头部保险公司，根据评级机构的评级结果以及保险公司自身评估的结果，在自愿参与的前提下，购买相应的资产包。充分利用保险公司的评估、精算及风控能力，将具有高新设备专投的资产包转变成低风险的保险理财产品，并在有效拆分后，出售给普通投资者。同时，保险公司应充分发挥自身的优势，对于资产包中包含的设备企业履行有效的后续监督责任，有效地监督高新设备后续的运行及企业的经营管理，并收取相应的费用。

第四，普通投资人在与保险公司签订相应的理财产品购买合约后，将充分获得该资产带来的收益。保险公司也可开展相应的保险代缴服务，将理财产品收益直接冲抵应缴保费，不足部分由投资者个人补齐。由此，既解决企业设备更新的融资困难，确保社会投资投向实体经济，加快推进现代产业体系建设的步伐；同时，解决设备更新"挤出"劳动力带来的失业保障等社会压力，确保投资人拥有投资收益和保险保障，实现一策多用的效果。

二 建立"高新设备投资特殊通道"的操作步骤

第一步：机构建设

由银保监会发起，国家发改委相关部门、专家学者、行业协会代表参与，组成"高新设备投资特殊通道"（"高设投"）管理委员会。

第二步：需求审核

由企业（可在大中型国有高技术企业范围内先行试点）向"高设投"管理委员会提出高新设备投资需求——设备类型（是否符合国家现代产业体系建设方向）、设备折旧（10—15年）、投资总额、投资风险等。

第三步：投资方案确定

"高设投"管理委员会根据该企业发展前景判断，评估企业引入设备后生产期限内生产效率、收益增加趋势以及设备折旧的情况，审定企业设备投资需求是否合理可行，以及确定投资总量。

第四步：银行提供融资资金

国家开发银行或大型商业银行根据"高设投"管理委员会相应意见，按申请顺序接受投资申请，并初步监督企业投资行为，评估设备报价是否合理，确保全部投资用于该设备投资专项业务；发放相应贷款。

第五步：资产包处置

银行收取合理费用后，将相应的贷款归总形成统一格式的资产包，由具备高资质的境内评级机构进行评估，给予相应的评级。由保险公司通过公开竞标的方式购买相应的资产包。

第六步：投资者引入

保险公司在购买相应的资产包后，通过建立专门的精算算法，有效地预估风险，并根据风险收取相应的费用后，将高新设备专投资产包拆分为较小单位份额的保险理财投资产品，并出售给投资者。并为投资者提供保费代缴服务。

第七步：高新设备折旧、后期管理及投资权益保障

1. 缴付年限

高新设备折旧期原则上可设定为 10—15 年，故保险公司与投资者签订的代缴保费的年限期可以定为 10—15 年。到期后更换新设备，可继续采用"高新设备投资特殊通道"模式申请新的融资。投资者也可以在投资产品到期后，继续购买后续发行的产品，继续完成保费缴费业务。

2. 企业破产或设备转让

产品存续期间，如相关企业发生经营困难或倒闭等情况，由资产包的购买者——保险公司履行相应的监督处置职能，对于相应设备资产进行拍卖、质押及报废等处置程序。由保险公司承担相应的风险，在为投资者提供保底收益的前提下，承担部分保费，以保证投资者最基本的保障不会受到损害。

第八步：企业上市及回购相关资产处理办法

在产品存续期内，如果出现投资设备相关企业上市，或已上市企业提前归还融资资金的情况，可以由相关证券公司协助办理相关资产溢价回购的业务，或以债转股的方式处理相关的资产，为投资者提供更多的投资回报。

三 建立"高新设备投资特殊通道"中相关各方职责分工

企业：根据行业发展以及自身的需要制订相应的融资计划，用以购买高新技术设备。首先将融资计划提交"高设投"管理委员会予以批准。待批准后，提交银行进行审核，获得相应融资，在购买相应设备、组织生产后，以约定的回报率偿还贷款以及利息。

银行：在获得"高设投"管理委员会的批准后，按照顺序，接受高新企业的融资申请，并对需融资的规模、所购买设备的当前市场价格、企业发展状况、行业未来发展前景等情况进行复审。在确保情况无误的条件下，批准相应融资要求，发放贷款。在贷款规模达到一定程度以后，银行可将相应的资产打包成不同规模的资产包，在评级机构评级后，扣除相应的手续费，公开挂牌出售。

保险公司：在国家政策允许的情况下，开展相关业务。购买银行的资产包后，也承担了对于设备引入之后的设备运行、企业经营管理进行监督的职能。制定出相应的监督方法、管理手段以及出现风险后的资产处置程序与方法。同时保险公司应根据专门研发的相应算法，在充分考虑企业发展的各项风险要素的情况下，拟定出合理的保险费用收取标准，充分覆盖可能出现的经营风险，将资产包转化成保险理财产品，出售给普通投资者。同时，为了方便投资者缴纳保险费用，保险公司应提供相应的代缴服务，保证在产品存续期内，完成相应的保险缴费业务，充分保障投资者的合理权益。

证券公司：为了充分调动投资者的积极性，在资产包中所包含的资产所属公司出现上市或资产回购时，办理业务的证券公司应当协助企业开展资产转股或溢价回购业务，为投资者提供额外的溢价回报。

投资者：投资者可根据自身情况，在可承受范围内，购买相应的产品，同时享有风险溢价收益。严格履行合同约定义务，享受相应权益。

管理机制：通道业务采用二级管理机制。其中，由银行对于企业待购买设备实行一级管理。银行组织专门部门对设备的情况，包括新旧、使用年限、用途、先进程度给予评估和管理。当保险公司完成对资产包的购买后，将由保险公司对于相应的资产实行二级管理。对于设备后续的使用、折旧、利润分配实施监督和管理（见图 3-2）。

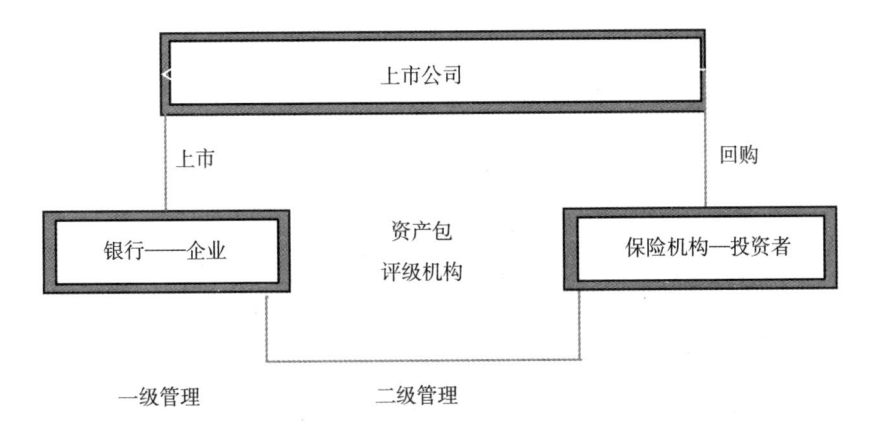

```
                    ┌─────────────────────────┐
                    │       上市公司          │
                    └─────────────────────────┘
                  上市                      回购
         ┌──────────────┐            ┌──────────────┐
         │  银行——企业  │   资产包   │保险机构—投资者│
         │              │  评级机构  │              │
         └──────────────┘            └──────────────┘
              一级管理         二级管理
```

图 3-2 "高新设备投资特殊通道"业务相关流程示意

四 建立"高新设备投资特殊通道"制度的经济社会效益

（一）以有效的金融创新手段推进高新企业发展

2012 年以来，我国实体经济即产业部门的融资渠道长期受到各方面的限制，全国范围内的企业长期面临缺贷、愁贷现象。由于金融服务实体经济意识不强，高新技术企业的融资需求无法得到满足，极大地制约了高新企业的快速发展。虽然风险投资领域近年得到了较快的发展，但大都集中在互联网行业的投资方面，对于大多数生产性高新技术企业发展而言，仍然是杯水车薪。由于缺乏金融资金的有效支持，当前实体企业内生性增长能力较差。

（二）改变传统的银行信贷偏好

当前我国的金融市场已经趋于饱和状态。由于金融创新的能力不足，许多业务的同质化程度严重，由此引发了一系列的恶性竞争。许多银行为了追求利益最大化，更喜欢将信贷资金投向房贷等所谓的"优质"资产项目，而不愿意投向高新技术企业等相对高风险的资产，造成了高新技术企业融资难等问题。房地产等投机资产对实体经济产生明显的"挤出效应"。

(三) 缓解"老龄化"及智能化生产带来的保障压力

当前世界上第四次工业革命正在迅猛发展，而以智能产业为代表的新技术变革也带来了一系列的问题。其中最为明显的就是智能设备的大量应用造成对简单劳动力的"挤出效应"问题。由于从事简单劳动的劳动者大多缺乏相应的教育与培训，短时间内也很难掌握复杂劳动所需的知识与技能，导致正常生活受到很大冲击。这种社会矛盾达到一定程度，很容易带来社会的动荡，增加不稳定因素。通过建立"高新设备投资特殊通道"制度，将有效缓解甚至从根本上解决普通劳动者社会保障能力低下，同时缺乏安全可靠投资途径的问题，为我国解决大量普通劳动者的社会保障和养老保险的问题提供一条新的思路。

第四章

国有企业在促进创新驱动发展和科技自立自强中的作用

加快实施创新驱动发展战略,以全球视野谋划和推动自主创新,实现我国科技自立自强,既是我国中长期发展的动力与目标,也是当前面临复杂国内外形势下保持经济持续稳定发展的必然选择。国有企业作为中国经济的骨干力量和全民意志的体现,是我国经济社会发展的重要支柱,也是我国参与国际经济与科技竞争的重要依托力量,在实现科技自立自强、实施创新驱动发展战略进程中肩负着重大历史使命。[1] 过去,国有企业大多属于自然垄断或行政垄断性企业,受政府较多政策优惠及资金、资源等方面的支持,自主创新动力相对不足。随着国有经济战略性调整和国有企业改革的不断深化,目前大部分国有企业的垄断地位已经或正在被打破,其所面临的市场竞争日

---

[1] 李政、周希禛:《国有企业创新功能的理论逻辑与实现路径》,《当代经济研究》2020年第8期。

趋激烈。在这一背景下,国有企业加快实施创新驱动发展战略,不断加大研发创新投入,完善创新体系建设,创新水平得到明显提升,成为引领我国创新型经济发展、加快推动创新驱动发展战略的中坚力量。

第一节 国有企业在创新驱动发展中的责任与使命

国有企业对于贯彻落实国家重大发展战略负有不可推卸的社会责任。作为全国人民的企业,国有企业一直是国家引导、推动、调控经济和社会发展的核心力量,始终积极服务于国家重大战略需求。创新驱动发展战略下,国有企业有义务在实现科技自立自强和提升自主创新能力中继续发挥表率示范作用。[①]

一 实现高水平科技自立自强

构建新发展格局最本质的特征是实现高水平的自立自强,而自立自强的关键在于科技的自主创新。在新发展阶段,科技自立自强是"十四五"规划的首要目标。习近平总书记强调,坚持把科技自立自强作为国家发展的战略支撑。"自立"体现了通过自主创新,实现产业链供应链的自主、安全、可控;"自强"则强调了提升科技创新的质量,增强科技引领能力和

---

① 包炜杰:《新发展阶段国有企业的创新驱动发展》,《福建师范大学学报》(哲学社会科学版) 2021 年第 6 期。

原始创新能力，实现更高质量、更高效率的创新，塑造国家发展新优势。实现科技自立自强，有助于打造更加安全稳定的供应链产业链，是确保国内大循环畅通的关键所在。在此背景下，国有企业应把握科技创新规律，围绕着原创性技术创新进行大量资本布局，强化基础研究投入，提高高级技能工人占比，完善科技服务体系，实现高水平自主创新，在科技创新中发挥引领作用，在积极探索市场经济条件下的新型举国体制和推进创新攻关的"揭榜挂帅"体制机制的过程中发挥重要作用。[1] 国有企业尤其中央企业要成为新型举国体制下科技自立自强的核心平台，应组织协调各方力量攻克战略性、基础性、共性的技术问题，提升重大项目的组织实施效率，针对国家重大科技和产业化项目进行科学战略部署，使得国有企业尤其是中央企业真正成为构建新发展格局的原创技术策源地。[2]

二 保障国家科技安全

国有企业要主动承担保障国家科技安全的使命和责任，尤其在关键核心技术攻关、关键共性技术供给等方面，国有企业负有不可推卸的责任。[3] 关键核心技术自主创新是建设创新强国、保障国家科技安全的必然选择。习近平总书记指出，关键核心技术是要不来、买不来、讨不来的。只有把关键核心技术掌握在自己手中，才能从根本上保障国家经济安全、国防安全

---

[1] 陈文健：《当好高水平科技自立自强的国家队》，《学习时报》2021年11月10日第4版。
[2] 张春晓：《中央企业引领高水平的科技自立自强》，《国资报告》2021年第3期。
[3] 黄泰岩：《把握新时代国企改革方向》，《企业管理》2021年第12期。

和其他安全。国有企业作为关键核心技术创新攻关和突破的主要承担者,应聚焦核心技术重点方向,维持战略科技力量,研究潜在对手的技术发展水平,采取"技术制衡"等策略,防止关键核心技术"卡脖子"。在原始创新、技术预置、技术预警等方面,要有忧患意识。美国曾提出"第三次抵消战略",意在削弱对手的威胁,压缩别国的科技发展空间。在此背景下,国有企业要时刻保持预警状态,防止技术路线被颠覆、技术进步被抵消。国有企业应围绕相关技术和产品发展态势、行业热点事件、自主可控发展路线等方向,深入开展自主可控分析,强化核心能力体系化建设,优化完善技术攻关体系,整合协调资源配置,集中力量补齐短板,加速突破一系列"瓶颈"技术,加快关键核心技术研制和应用推广。[①] 同时,关键核心技术关系到国家安全,关系到国计民生,国有企业需要在关键技术上做好保密工作,防止核心技术泄露、知识产权被侵犯,要做好人才建设工作,为科研人员营造宽松的创新环境,防止关键科技人才流失。

三 承担国家重大科技任务

按照建设目标和特征属性区分,重大科技任务主要有三类:系统建设型、前沿探索型、能力建设型。面向国家重大需求的"系统建设型"重大科技任务具有目标明确、边界清晰、功能确定的特征,所需经费投入可以提前使用工程估价的方法

---

① 肖红军:《推进国有经济产业布局优化和结构调整的方法论》,《改革》2021年第1期。

大致获得，一般可以利用系统工程方法，以逐层分解、线性推进的模式开发与制造；面向世界科技前沿的"前沿探索型"重大科技任务具有路径方向尚不明确、探索周期长的特征，所需经费无法预先估算，依赖长期稳定投入，一般通过相互作用和激发的学术交流、学术批评、学术评论，推动基础研究不断向前发展；面向经济主战场的"能力建设型"重大科技任务具有边界模糊、各主体独立演进发展、复杂性明显的特征，通常由多个独立的子项目组成，但子项目之间耦合性弱，对整体能力涌现的体系贡献率难以估量，可以用体系工程方法，通过构建创新生态体系的模式推进。面向"系统建设型"重大科技任务，我国已经形成了以钱学森、许国治为代表的具有中国特色的系统工程方法体系，在长期建设发展中取得了丰硕成果；面向"前沿探索型"重大科技任务，国际上也形成了一套基于大科学装置、学术平台和同行评议的成熟推进体系，我国在其中扮演的角色日益重要。然而，面向"能力建设型"重大科技任务，我们还没有成功经验可供参考借鉴。在此过程中，国有企业应主动承担国家重大科技任务，在创新生态体系建设中有所作为，助力"能力建设型"重大科技任务体系化推进。[1]

四 支撑国家科技战略决策

国有企业是党和国家最可信赖的依靠力量，是坚决贯彻执行党中央决策部署的重要力量，是贯彻新发展理念、全面深化

---

[1] 杨思莹、李政：《中国特色创新发展道路：探索历程、实践经验与政策展望》，《学习与探索》2022年第2期。

改革的重要力量。国有企业要坚决支撑国家科技战略决策，落实好国家科技相关政策文件，积极开展国家部署的关键核心技术攻关，主动担纲国家级重大工程，在军事国防、电子信息、民品产业、医药卫生、重大基础设施建设领域做好国之栋梁，体现家中长子的责任担当。国有企业在国家创新体系中占有重要地位。国有企业大多是行业排头兵，科技基础雄厚、创新资源丰富，有条件在加快提升自主创新能力中发挥引领带动作用。国有企业拥有一大批国家重点实验室、国家工程实验室、国家工程技术研究中心和国家级企业技术中心等国家级科研平台和机构，拥有一大批高素质科学家和科技创新人才，其中两院院士就超过200人，其科技创新水平很大程度上体现了国家综合创新能力。国有企业大多集中在关系国家安全和国民经济命脉的重要行业和关键领域。因此，国有企业是推进国家现代化、保障人民共同利益的重要力量，是国家科技创新的骨干和中坚，代表着国家的创新能力和创新水平，在支撑和落实国家科技战略决策中发挥着关键作用。①

五　推动开放式创新体系构建

狭义的创新体系包括创新主体、创新资源、创新机制。其中，创新主体主要是企业、科研院所、高等院校等，创新资源包括人才、资本、设备、信息，创新机制包括成果转化、人才激励、创新投入等。广义的创新体系还包含政策环境和创新能

---

① 李政、王思霓：《国有企业提升产业链现代化水平的理论逻辑与实现路径》，《学习与探索》2021年第8期。

力涌现。而开放式创新体系将不同层面的创新体系有机融合,在开放式创新体系中,通过政策环境支持,创新主体、创新资源、创新机制有机协同,进而促进国有企业涌现出创新能力,具体包含四个层次的创新能力:技术方向引领能力、产业经济带动能力、重大战略支撑能力、社会进步推动能力。国有企业作为国家创新体系的中坚力量,应该在创新国家战略中支撑四个层次创新能力的实现。在构建开放式创新体系中,推动创新链、产业链协同发展,带动中小企业创新发展,搭建科技创新共享共创平台,为创新创业赋能,同时在创新链各个阶段促进科技成果转移转化,发展新业态、创造新动能。[①]

六 抢占关键领域国际科技话语权

世界科技强国的重要标志之一是国际科技话语权。实施创新驱动发展战略、建设科技创新强国,需要在更多领域实现"领跑"和"并跑",需要为世界贡献更多新的科学思想,需要在新的科技领域建立非对称的竞争优势,唯此才能实现我国科技水平的整体跨越和提高。国有企业在我国科技创新体系中具有举足轻重的地位,是我国创新驱动发展战略的领跑者。国有企业要在中国特色社会主义经济理论的指导下探索国有企业创新发展模式和道路,为世界国有企业创新发展贡献中国智慧和中国模式。[②] 同时,国际科技话语权的确立要有一流科技实

[①] 黄群慧:《中央企业在国家创新体系中的功能定位研究》,《中国社会科学院研究生院学报》2013年第3期。

[②] 肖亚庆:《以改革创新开放合作锻造国有企业竞争力》,《支部建设》2018年第29期。

力和科技水平作为"硬"基础，因此，国有企业要以高水平科技创新成果争夺国际科技话语权，通过掌握核心技术标准赢得话语权。技术标准战略要以国有企业为主体和发起者，由国家积极配合和支持，通过不断增强中国标准的硬实力，提高在国际社会中的适应性和竞争能力，推动中国标准"走出去"，逐步使我国由技术标准进口国转变为技术标准输出国。同时，推动国有企业更加广泛、深入地参与国际标准化活动，例如在以5G、物联网等为代表的新兴产业，其全球性的标准尚在形成中，国有企业要抓住这一"领跑超越"的良好时机，全面谋划和参与国际标准和规则的制定，进而掌握更多的国际话语权。

七 获取全球战略性科技资源

强化国有企业在创新驱动发展战略实践中的重要作用，需要国有企业具备"全球化的技术水平和全球化的人才队伍"，获取全球战略性科技资源，积极广泛参与全球科技合作与竞争。全球产业链呈现出分散化、多元化趋势，国有企业必须融入全球创新体系，整合全球创新资源，提升全球竞争力。一方面，国有企业要加强全球战略性科技资源获取，坚持学习和创新，掌握知识产权的关键核心技术，规避专利限制，要保持与国际通用技术生态的联通性，才能获得广泛接受，走得更远。另一方面，国有企业要通过资本并购海外企业，发力上游，拓展下游，拓展全球业务布局，提升科技创新能力，打造中国科技创新世界影响力。此外，国有企业还要大力建设国际人才队伍，通过"产学研"方式培养国际化人才，同时加强海外高端人才引进力度，并进一步完善鼓励创新创造的体制机制。

第二节 国有企业推动创新驱动发展的现状与成就

一 投入了大量创新资源

企业是科技创新的微观主体,而国有企业是我国科技创新的中坚力量。[①] 近年来,随着我国创新驱动发展战略的深入实施,国有企业研发投入也在稳步增长。以中央企业为例,2019年,中央企业研发经费投入达到 8190 亿元,同比增长 17.5%。[②] 2020 年中央企业研发投入进一步提高,全年研发经费投入同比增长了 11.3%,研发经费的投入强度为 2.55%,同比提高了 0.3 个百分点。其中,工业企业的研发经费投入强度达到了 3%。[③] 从上市公司披露的数据来看,近年来 A 股上市公司研发支出总额也在不断创新高,2015 年研发支出总额 4019 亿元,2018 年增长至 7336 亿元,2019 年的研发支出总额已突破 8000 亿元,比上年增长 16.6%。其中,国有企业控股上市公司成为上市公司科技创新领跑者,在 2019 年"上市公司研发投入榜"前十位中占据九席。其中,中国建筑排名第一

[①] 何立胜、陈元志:《国有企业创新发展状况与高管认知》,《改革》2016 年第 12 期。

[②] 吴丛司、陈奥:《2019 年中央企业研发经费投入达 8190 亿元》,新华财经网,https://j.eastday.com/p/1602508521020451。

[③]《2020 年中央企业研发经费投入强度提高至 2.55%》,中国政府网,http://www.gov.cn/xinwen/2021-02/14/content_5587093.htm。

位，2019年研发投入总计218.72亿元，较前一年增幅37.46%；"十三五"以来，中国建筑牵头建设国家重点研发计划项目10项，在公共安全风险防控与应急技术装备、绿色建筑及建筑工业化、污染防治等领域深入开展研究，获国家专项研发经费近3亿元。1166家A股上市国有企业发布的2020年三季报中有822家披露了研发费用，822家A股上市国有企业研发费用合计达2824.28亿元，同比增长18.85%。[①]

二 集中和培养了一批高素质研发队伍

近年来，我国国有企业强化科研队伍建设，集中了一大批优秀的科研人员，科研队伍不断壮大、素质水平不断提升。2019年在中国规模以上工业企业中，平均每家民营企业拥有R&D人员数量为7名，而同期国有企业该项指标为民营企业的3倍（22名/家）。国有企业R&D人员（以全时当量计）中有45.98%具备中级以上职称或博士学位，同期民营企业中仅为25.17%。国有企业研发人员素质也显著高于非国有企业，2015—2019年，规模以上国有工业企业中具备中级以上职称或博士学位人员的比重呈稳步上升态势，年均增速达到6.1%；民营企业这一指标已从2015年的29.31%下降至2019年的25.17%，二者"剪刀差"持续扩大。[②] 在国务院国有资产监督管理委员会的指导和引领下，国有企业高度重视科技人才培

---

① 《央企国企上市公司研发投入领跑市场》，腾讯网，https://new.qq.com/omn/20200609/20200609A0Q1IR00.html。
② 王凡、何颖、王楠：《国有企业与民营企业创新资源差异比较及思考》，澎湃新闻，https://www.thepaper.cn/newsDetail_forward_13815130。

第四章
国有企业在促进创新驱动发展和科技自立自强中的作用

养工作,"给科技创新的政策,'能给尽给,应给尽给'"。按照这个原则,国有企业制定了一系列支持科技创新的政策,推动资金、人才、政策向科技创新重点企业、重点项目倾斜,实现了一大批技术突破。当前,中央企业研发人员有97.6万人,其中中国科学院院士、中国工程院院士229人;2019年,中央企业系统里新当选的院士有18人。[①] 近年来,国资委不断深化各项人才支持和激励制度改革,制定"军令状"制度和"揭榜挂帅"等机制,系统推进中央企业科技创新激励保障机制建设,赋予科研人员在成果转化中的更大自主权,推动中央企业落实国有科技型企业股权和分红激励暂行办法,加大对科研人员的中长期激励力度,等等。截至2020年12月,共有119家中央企业控股上市公司实施了股权激励。从具体的实施效果上来看,有的中央企业上市公司在实施股权激励后,科技人才的离职率更是明显下降了5.7%,甚至还出现流失人才回流的情况。[②]

三 搭建了较为完善的创新平台

国有企业历来重视创新平台建设,不断优化内部创新体系,搭建完善的创新平台,这为国有企业创新活动开展提供了重要保障。国有企业普遍拥有独立研发机构和技术开发机构(如研发/技术中心),有能力从事全线性的、全工序性的、基础性的研发。[③] 截至2018年,179家企业国家重点实验室中超

---

① 《央企创新能力不断提升 要将科技创新重大项目突破列入考核范围》,腾讯网,https://new.qq.com/omn/20210119/20210119A0AAR000.html。
② 《国资委四季度调研"科技创新"摆在重要位置》,《证券日报》2020年12月11日。
③ 刘钰:《经济国际化中的国有企业创新平台构建》,《理论探讨》2003年第4期。

过60%依托于国有企业,且主要附属于中央企业总部及二级单位,民营企业牵头建设的仅占1/3左右,相较于数量庞大的民营企业,其建设比例极低;截至2020年,中央企业拥有国内研发机构4153个,其中国家重点实验室91个。同时,国有企业研发机构较民营企业呈现出雄厚实力。2019年规模以上国有工业企业中单位研发机构平均经费支出2509.26万元,大约是同期民营企业的4.09倍(613.92万元)。[①]中国科协会同中国科协创新战略研究院的一项调查显示,2014—2015年,86.2%的国有企业设立了独立的技术开发机构。此外,国有企业设立技术开发机构的一种普遍做法是将研发和制造在地理上分开,生产制造可能分布在全国各地,技术开发机构尽量设置在北京、上海等城市,以充分利用大城市在人才、资源、信息等各方面的优势资源。

四 取得了举世瞩目的创新成果

国有企业聚焦科技强国建设,在科技创新中发挥着引领与表率作用。党的十九大报告提出,到2050年实现"社会主义现代化强国"的战略目标,并明确了建设制造强国、科技强国等十二项任务。建设现代化强国,离不开先进科技支撑。国有企业要聚焦5G网络、高档数控机床、机器人、航空航天装备、海洋工程装备、先进轨道交通装备、新能源汽车等领域,加强技术研发,夯实制造强国、航天强国、网络强国、交通强国、

---

① 赛迪智库:《国有企业与民营企业创新资源差异比较及思考》,新浪财经,https://finance.sina.com.cn/jjxw/2021-08-12/doc-ikqciyzm1002069.shtml。

第四章
国有企业在促进创新驱动发展和科技自立自强中的作用

海洋强国建设的物质基础。随着我国国有企业改革的不断深化，国有企业研发创新效率明显提升，创新质量不断攀升，具有国际影响力的科技创新成果不断涌现。2020年7月23日"天问一号"在文昌航天发射场由长征五号遥四运载火箭发射升空，成功进入预定轨道。"天问一号"的成功发射、持续飞行以及后续的环绕、降落和巡视，是众多高技术的高度综合，也是体现一个国家综合国力和创新能力的重要标志。中国开展并持续推进深空探测，对保障国家安全、促进科技进步、提升国家软实力和国际影响力具有重要的意义。此外，嫦娥五号奔月取壤、奋斗者号万米探海、北斗三号建成开通、页岩油气勘探取得重大突破等也标志着我国中央企业在"上天遁地"方面取得了举世瞩目的巨大成就。另外在抗疫过程中，中国生物的两个新冠灭活疫苗目前正在多个国家有序推进Ⅲ期临床试验，入组人数5万，未发现一例严重不良反应。此次Ⅲ期临床试验在入组接种人数、样本覆盖国别和人群量、医疗资源保障、设施先进性等方面创造了多个全球第一；中国建筑承建的火神山、雷神山医院超快速建成，电子、通信等企业及时提出"一网畅行""一码防控"等大数据服务，为常态化疫情防控提供了科技支撑。中央企业科技创新还在带动中小企业融通发展方面做了大量工作。中央企业在北斗产业、民机铝材、新能源汽车、数字化发展等方面，先后设立了多个产业协同创新平台。2020年中央企业组织举办了第三届中央企业熠星创新创意大赛，参赛人数有2.3万人，征集项目3000余项，其中49所高校以及570家社会其他创客团体申报项目800多项。中央企业发挥龙头企业支撑引领作用,承建国家"双创"示范基地13个,建设各类创新平台400多个,形成了如航天云网、中航爱创客、电科芯云等一批具有示范效应的高水平平台。①

第三节 国有企业助力创新驱动发展中的驱动机制与制约因素

国有企业掌握国民经济命脉,是中国经济发展的引领者与导航者。国有企业体现着国家和人民的意志,为整个国家的经济社会发展提供了坚强保障。国有企业在自主创新方面有丰富的科技创新资源支撑和国家政策支持等得天独厚的优势,但也存在自主创新动力不足、创新机制僵化等制约因素。在当前创新驱动发展的时代背景之下,分析国有企业助力创新驱动发展中的驱动机制,找出制约国有企业助力创新驱动发展的因素,对于提升国有企业自主创新能力,推动国家创新驱动发展战略的实施具有重要意义。②

一 国有企业助力创新驱动发展的驱动因素

国有企业作为我国经济的主导者和引领者,承担着创新驱动发展推动者和先头兵的责任。近年来,国有企业在助力我国

---

① 《国新办举行2020年央企经济运行情况新闻发布会》,中华人民共和国国务院新闻办公室网站,http://www.scio.gov.cn/xwfbh/xwfbfh/wqfbh/44687/44776/wz44778/Document/1697229/1697229.htm。

② 李政:《"国企争议"与国有企业创新驱动转型发展》,《学习与探索》2012年第11期。

创新驱动发展实践方面做出了巨大贡献和突出成就，为我国创新型经济发展注入了强大力量。国有企业在我国创新驱动发展战略中的地位和作用是其自身属性决定的，其对我国创新驱动发展战略的引领和保障性作用也与其自身科技创新能力与水平息息相关。总体来讲，国有企业助力我国创新驱动发展战略的实施，具有如下驱动因素。

第一，国有企业及其领导人自身的责任感和使命感。国有企业全民所有的经济属性与政治属性决定了其既要与国家战略深度融合，又要通过科技创新、制度创新和管理创新等一系列创新来增强国有经济活力、控制力和影响力。国有企业本身承担着国家复兴和人民幸福的重担，肩负着共产主义的实现和共同富裕的重大责任。因此，国有企业及其领导人肩负国家使命，这份责任感和使命感成为国有企业助力创新驱动发展的根本动力。与民营企业相比，国有企业不能仅仅关注利润，更应重视国家发展战略和经济社会需求。当前，创新驱动发展战略成为我国经济转型和高质量发展的关键，在此背景下，国有企业领导人应充分发挥自身对企业、对地区乃至对国家创新发展的引领性作用，加大自主研发力度，引领国家创新驱动发展战略实施。[①]

第二，国有企业拥有有利于创新的规模优势。熊彼特假说强调了企业规模对科技创新的重要意义，认为企业规模越大，创新能力越强。现有研究也表明，企业规模的扩大有利于企业

---

① 姜付秀、王莹、李欣哲：《论国有企业的企业家精神》，《中国人民大学学报》2021年第5期。

研发投入意愿的提升，推动企业创新绩效的提高。国有企业与其他企业相比，在企业规模和投入研发规模上都具有巨大优势。数据统计显示，近五年来中央企业研发经费累计投入达1.7万亿元，相当于全国研发经费的1/4；研发投入强度（研发经费占营业总收入比重）约为全国规模以上工业企业的1.8倍，远高于内资企业平均水平，也明显高于港澳台资企业和外资企业水平。[①] 因此，国有企业的规模优势为其科技创新能力提升以及助力我国创新驱动发展战略实施奠定了坚实基础。

第三，国有企业拥有丰富的创新要素和政策支持。国有企业所处领域和行业的特殊性以及在国民经济发展、国家科技战略中的特殊地位决定了我国创新政策会更多地向国有企业倾斜。近年来，国家特别重视国有企业创新发展问题，提出国有企业要建设世界一流企业的目标，致力于支持国有企业创新驱动发展。自创新驱动发展战略实施以来，科技部、国资委等政府机构多次制定和出台国有企业创新驱动发展政策，不断推动国有企业建立特色鲜明、要素集聚、活力迸发的创新体系，助力国家经济高质量发展，为我国建成创新型国家和现代化经济体系建设提供强有力的支撑。此外，国有企业与民营企业相比，在高素质专业人才、研发资金投入等创新要素方面更具优势，国有企业拥有更为丰富的创新要素。因此，国有企业应充分利用自身创新资源，瞄准重大前沿问题和关键核心技术开展高质量

---

① 数据来源：《充分发挥国有企业的国家科技创新主力军作用》，中宏网，https://nmg.zhonghongwang.com/show-167-10595-1.html。

研发和创新活动，引领和助力国家创新驱动发展战略实施。

二 国有企业助力创新驱动发展中的制约因素

国有企业担负着助力国家科技发展和引领创新型国家建设等重大使命，是中国创新驱动发展战略的先头兵。相较于民营企业，国有企业拥有更丰富的创新资源，也取得了举世瞩目的创新成果。然而，不可否认的是，当前国有企业自身存在一系列制度、管理等问题，制约了国有企业在创新驱动发展战略中的重要作用。[①]

第一，国有企业制度建设仍不完善，没能有效激发企业家和科技工作者的创新创业热情。"创新是企业家精神的灵魂"，一个优秀的企业家往往是企业创新活动最坚定的支持者和推动者。对于国有企业来说，国有企业领导人员的任期制度与考核制度过于行政化，不利于激发国有企业领导人的企业家精神，导致国有企业科技创新缺乏制度激励。具体而言：一方面，技术创新风险性高、回报周期长等特点使得国有企业领导人难以在自身任期内通过自主创新而推动企业获得更高绩效，因此，国有企业领导人普遍缺乏创新激励，这是制约国有企业创新能力提升的重要因素。另一方面，在高度行政化的国有企业中，人际关系相较于自主创新来说处于更高的位置。国有企业善于经营关系的员工较善于自主创新的员工更容易得到奖励和晋升，因此国有企业员工创新动力也相对较弱。此外，长期以

---

① 李政：《国有企业提高自主创新能力的制约因素与驱动机制》，《学习与探索》2013 年第 7 期。

来，国有企业出资人与高管之间的委托代理关系仍旧没能得到有效解决，国有企业出资人缺位以及企业高管的短视导致国有企业创新投入不足，制约了国有企业向创新驱动发展战略的转变。

第二，国有企业内在创新动力不足，创新活力较低。对于一般性企业而言，科技创新是一个企业发展的内在动力，企业拥有核心技术才能在市场中同其他企业竞争，企业科技创新水平的高低直接决定了企业市场核心竞争力的强弱。因此，生存和发展的压力以及对于超额利润的追求是企业开展高质量创新活动的原动力。一个优秀的企业往往需要在残酷的市场竞争中不断提高自身的创新能力和水平，依靠科技创新来提高其市场竞争力。然而，一些国有企业分布在涉及国家安全和国民经济命脉的重要行业和关键领域，在市场上具有垄断性地位。并且一些国有企业凭借自身特殊地位和政治背景获取经济利润，忽视了科技创新在企业长期发展中的重要作用。因此，国有企业不同于其他企业，国有企业即使不开展科技创新也能够获得丰厚的利润，故其自主创新的内在动力较弱。[①] 例如，张莹莹、周禹的《中国创新模式》一书指出："由于政府的大力扶持，大多数国企缺乏创新精神。"根据国家统计局调查数据显示，国有企业中把创新作为自身生存和发展核心动力的企业仅占23.2%，低于全部调查企业的平均水平；而认为创新对企业生

---

① 王再进、杨洋：《国有企业作为技术创新主体对策研究——基于对2212家企业的抽样调查分析》，《自然辩证法研究》2016年第6期。

存和发展影响较小的企业占比却高达17.5%，高于全部企业的平均水平。① 因此，内在创新动力不足已成为制约国有企业助力创新驱动发展的关键因素之一。

第三，国有资本布局结构不合理，国有企业功能定位不明确。目前，我国国有资本布局结构仍存在不合理的现象，虽有部分地区开展了区域层面国有资本布局重组，但调整优化的结果并不理想，仍存在产业集中度不高、国资监管企业数量过多、缺少大型集团为支撑载体、整体竞争力和财政贡献度较低等情况。欠合理的国有资本布局不仅抑制了国有经济活力和创新力，而且弱化了国有企业在创新驱动发展战略中的带动性作用。一方面，国有资本在传统产业布局重合，产能过剩，新兴产业渗透率不高，不能发挥国有企业对我国产业结构调整的带动作用，无法通过科技创新引领我国产业结构升级。另一方面，国有资本在战略性新兴产业上投入力度不够，无法引领我国新兴产业发展。战略性新兴产业代表新一轮科技革命和产业革命的方向，是培育和发展经济新动能、获取未来竞争新优势的关键领域。国有企业作为我国经济的引领者，理应大力推动战略性新兴产业发展，助力我国在未来核心竞争领域取得新优势。因此，国有企业亟待优化布局、调整结构，以助力我国产业结构升级和战略性新兴产业发展。

第四，国有经济监管体制不完善，国有资本使用效率低

---

① 数据来源，熊鸿儒：《中国企业创新动力不足，创新能力存在多重短板》，澎湃新闻，https://www.thepaper.cn/newsDetail_forward_1533293。

下。目前，我国国有企业监督管理体制机制改革尚不彻底，监管越位、缺位、错位的现象仍较为严重，企业微观创新活力难以释放。① 具体而言，国有资产监管部门管理效率较低，且既管人、管事、管资产，又事无巨细地监管企业的投资计划、选人用人、财务管理、薪酬管理等，对所监管企业的监管范围远远超过了《公司法》中规定的股东权利。不完善的监管机制既束缚了企业的自主决策与创新创业活力，又让董事会职权难以有效发挥。这使得国有企业决策效率不高、政企分离不彻底，不利于国有企业现代企业制度的建立和自主创新活力的激发。此外，国有资本监管体制不完善也使国有资本运营效率不高，尤其在关键领域和新兴产业国有资本监管机制不完善，这导致关键核心技术领域投入力度不够，影响我国产业现代化进程和创新驱动发展战略的实施。

第五，国有企业对基础科学重视程度不足，在新兴技术上投入力度不够。基础科学是一个国家科技水平的体现，是整个科学体系的源头，是所有技术问题得以有效解决的前提和基础。一个国家科技创新水平的提升，根源在于其基础科学水平的提高。当前，我国国有企业研发以支持生产为主，基础性研究较少。企业研发内容可分为基础研究、应用研究、试验发展、研究成果应用、科技服务和其他六类，中国科协会同中国科协创新战略研究院的一项调查结果显示，2014—2015 年，

---

① 王再进、杨洋：《国有企业作为技术创新主体对策研究——基于对 2212 家企业的抽样调查分析》，《自然辩证法研究》2016 年第 6 期。

13.0%的企业从事基础研究，35.4%从事应用研究，15.0%从事试验发展，29.1%从事研究成果应用，科技服务和其他合计占比为7.5%，近八成国有企业在技术应用方面进行研发，基础研究相对较少。作为国家经济领航者的国有企业虽在基础科学领域已经投入了一定的精力，也取得了一定的成果，然而与我国前沿技术和高新产业发展对基础理论的迫切需求相比，国有企业在基础科学领域的投资和研发还远远不够。2018年国务院颁发了《关于全面加强基础科学研究的若干意见》之后，华为、腾讯等民营企业加大了对基础科学和前沿技术的投入力度。腾讯成立了量子实验室、机器人实验室（Robotics X）等基础研发实验室，华为基础研究与创新投入已占整体研发投入的近30%。与民营企业相比，国有企业在基础科学领域的投入力度仍有待加强。国有企业应加大对基础科学创新的投入力度，不应仅仅停留在工程科学的创新层面，应进一步加强同高校、科研院所的合作，为基础科学研究创新突破做出更大的贡献。

第六，国有企业利用全球创新要素能力较弱。当今时代，全球经济一体化潮流不可阻挡，企业创新发展的一项重要内容就是充分利用国际创新资源加强自主创新。然而，与西方的跨国公司相比，中国国有企业的国际化程度还不高，利用国际创新要素能力不强，科技创新活动缺乏全球性视野。这主要有两方面原因。一方面，政府对国有企业"走出去"支持力度不够，政策体系不完善，支持方式不灵活，导致国有企业利用国际科技资源的财税和金融政策不充分，对外研发力度不够，整合全球创新要素能力低下。另一方面，国有企业在国内受政府倾斜性政策支持，更倾向于利用本土创新资源进行科技研发，加之部分国家政府在技术转让、市场准入等方面设置壁垒，实行保护性和歧视性政策，导致国有企业"走出去"的热情也不高。

第七，国有企业创新型人才储备仍显不足。创新型人才是国有企业开展高质量创新活动的最核心、最活跃的要素，是创新活动的具体参与者和执行者。高素质的人力资本投入会显著提升企业创新水平，并且企业高层次人才数量越多，企业整体的创新质量和效率越高。然而，随着外资企业、民营企业对高端人才的引入力度不断加大，国有企业传统的人才招聘机制和薪酬制度使得国有企业在人才竞争中处于劣势。创新型人才的匮乏对国有企业提升自主创新能力产生了严重的制约，对助力国家创新驱动发展战略实施也产生了消极影响。①

第四节 新时代国有企业助力创新驱动发展和科技自立自强的对策建议

国有企业作为国民经济的顶梁柱，理应成为推动创新驱动发展的重要力量。在此过程中，必须不断深化国有企业改革，强化国有企业创新功能，发挥国有企业在国家创新驱动发展战

---

① 康宇航：《大型国有企业创新问题现状调查》，《国有资产管理》2020年第7期。

略中的重要作用。

一 完善现代企业制度，激发国有企业经营管理者的企业家精神

现代企业制度的建立与完善，需要始终遵循市场经济要求及其一般规律的指引，构建一套适应外部市场需求并能高效开展自我组织的制度体系。企业家善于识别和捕捉市场机会，能够高效组织配置资源要素，可以从根本上解决供需错配矛盾，同时，企业家又是创新活动的参与者和引领者，在不断提升企业核心竞争力的同时，也推动着全社会新技术、新产业、新业态的蓬勃发展。因此在推动创新型经济发展的过程中，国有企业必须坚持完善现代企业制度和培育企业家精神。

完善现代企业制度，一是要建立健全协调运转、有效制衡的公司法人治理结构，提高国有企业科学决策和经营发展水平。要深化股份制公司制改革，推动国有企业加快股权多元化改革。二是要推进规范董事会建设，完善外部董事选聘、培训、评价机制，明确董事会履职责任，健全董事会运作机制，形成股东会、董事会、监事会、经理层各负其责、运转协调、有效制衡的机制。三是要继续深化企业人事、用工、分配制度改革，建立更加科学的考核分配和激励约束机制。完善经营管理者激励机制，深化企业内部管理人员能上能下、员工能进能出、收入能增能减的制度改革。四是要建立长效激励约束机制，强化国有企业经营投资责任追究，探索推进国有企业财务预算等重大信息公开。①

为了更好地培育和激发国有企业家精神,国有企业作为市场经济的主体,必须按照市场经济的内在要求,加快建立现代人力资源管理体系:一是建立职业经理人制度,减少行政任命管理人员,合理增加市场化选聘比例,更好发挥企业家作用。建立健全有别于行政干部的企业经营管理者选聘、考核、奖惩和退出机制。二是进一步完善国有企业经营管理者的薪酬机制。合理确定并严格规范国有企业管理人员薪酬水平、职务待遇、职务消费、业务消费。完善职工收入分配调控方式,逐步实现薪酬分配制度与市场接轨。三是充分尊重和保障企业家的经营自主权,建立和完善容错机制。鼓励探索创新,支持担当作为,允许试错,宽容失误。营造尊重企业家价值、鼓励企业家创新、发挥企业家作用的舆论氛围。对国有企业家要以增强国有经济活力和竞争力为目标,在企业发展中大胆探索、锐意改革所出现的失误,只要不属于有令不行、有禁不止、不当牟利、主观故意、独断专行等情形者,要予以容错,为担当者担当、为负责者负责、为干事者撑腰。

二 进一步完善和实施国有科技型企业股权和分红激励政策

未来建议在以下五个方面着力,加快推进国有科技型企业股权分红激励改革工作落实落地。一是有序推进试点,稳妥精

---

① 綦好东、彭睿、苏琪琪、朱炜:《中国国有企业制度发展变革的历史逻辑与基本经验》,《南开管理评论》2021年第1期。

准施策。结合科技型企业特点精准施策,重点鼓励科技成果实现产业化的企业开展岗位分红权激励,科技成果转化能力较强的企业实施项目收益分红激励,科技成果进入成熟期的企业实施股权激励,小微企业探索实施股权期权。二是加强政策宣贯,强化经验推广。在国资委层面,组织大范围、多层次的政策培训,复制推广好经验、好做法。在中央企业集团公司和地方国资部门所属一级企业层面,通过专项培训、集中辅导、专家把关、案例交流等方式,对所属科技型企业加强指导。三是适当降低实施门槛,提高激励力度。对于新成立、处于行业下行周期的科技型企业,适当降低实施门槛和激励兑付条件;对于前几年业绩增长异常或业绩增幅远高于行业平均水平等特殊情况给予指导,允许企业结合行业平均增长水平、对标企业增长水平等合理确定净利润增长率的业绩考核条件。放宽单个激励对象获得的激励股权不得超过企业总股本3%的比例限制;提高岗位分红人员数量和金额、股权激励总额、单个激励对象的股份比例等,促进提高激励力度。四是突破难点问题,创新实施机制。进一步拓展政策适用范围,将激励对象范围扩大到"科技型企业及其子企业的员工",鼓励符合条件的事业单位参照股权和分红激励政策实施激励,同时允许中型企业采用股票期权方式进行激励;进一步加强中长期激励政策框架设计,将科技型企业激励与上市公司股权激励、员工持股等相关政策进行衔接,在离开退出年限、股权锁定期限、股权激励比例、股权预留等方面进行统一。修改完善政策体系,明确利用职务科技成果作价投资、多次实施股权激励、非国有股东股权转让价格、5年期满后股权退出方式、股权期权定价等政策难点；完善项目收益分红激励成本核算政策，加快研究解决科技成果确权、技术入股价格评估等难点问题。五是加强部委协调，完善配套政策。建立部委间的专门协调机制，加强统筹指导，及时解决目前股权和分红激励实施过程中出现的问题。完善相关配套政策，扩大股权和分红激励税收优惠政策适用范围，允许建立股权激励专项基金，加强税收、资金方面的支持。

三 提升国有企业结构布局优化调整，加强向战略性新兴产业集聚

国有企业布局优化和结构调整是推动创新型经济发展的重要举措。国有企业布局优化和结构调整要紧密围绕创新驱动发展战略，坚持把科技自立自强作为国家发展的战略支撑，加快建设科技强国，实现高水平科技自立自强。推进科技体制改革，形成支持全面创新的基础制度，激发各类人才创新活力，建设全球人才高地。[①]

国有企业布局优化结构调整必须坚持以市场为导向，以企业为主体，有进有退、有所为有所不为。大力推进供给侧结构性改革，结合国有经济功能定位，围绕"3+1"行业分类，按照现代产业体系发展要求，通过"巩固加强一批、创新发展一批、重组整合一批、清理退出一批"的方式，推动国有企业结构调整与重组，加快培育一批具有国际竞争力的世界一流企

---

① 翟绪权：《关于新时代中国国有经济布局优化的思考——基于马克思产业思想的研究》，《思想理论教育导刊》2021年第9期。

业。具体措施包括：一是进一步压缩管理层级，提升运营效率。按照定位准确、职能清晰、流程顺畅、精干高效的改革要求，缩减层级链条、精简管理部门、优化管控模式、提升运营效率。二是积极推动主业聚焦在核心科技竞争领域、未来科技发展领域的国有企业创新发展。搭建科技创新平台。强化科技研发平台建设，加强应用基础研究，完善科研体系，突破企业技术瓶颈，提升自主创新能力，推进强强联合。三是为促进国有企业参与国际竞争、减少无序竞争和同质化经营、有效化解相关行业产能过剩、积极稳妥地并购重组一批国有企业，要鼓励国有企业围绕发展战略，以获取关键技术、核心资源、知名品牌、市场渠道等为重点，积极开展并购重组，提高产业集中度，推动质量品牌提升，落实"走出去"战略，提升国际竞争力。

国有企业要积极推动主业聚焦在核心科技竞争领域、战略性新兴领域。搭建科技创新平台，强化科技研发平台建设，加强应用基础研究，完善科研体系，突破企业技术瓶颈，提升自主创新能力。战略性新兴产业代表新一轮科技革命和产业革命的方向，是培育发展新动能、获取未来竞争新优势的关键领域。国有企业应聚焦量子信息、光子与微纳电子、网络通信、人工智能、生物医药、现代能源系统等重大创新领域；瞄准新一代人工智能、量子信息、集成电路、生命健康、脑科学、生物育种、空天科技、深地深海等前沿领域；集中优势资源攻关新发突发传染病和生物安全风险防控、医药和医疗设备、关键元器件零部件和基础材料、油气勘探开发等领域关键核心技术。国有企业在前瞻性战略性产业领域,要发挥战略支撑作用和产业引领作用,一是要积极探索有效的国有资本投资模式,通过改组组建国有资本投资公司和运营公司,开展投资融资、产业培育、资本整合;二是要大力推进混合所有制改革,扩大国有资本的影响力和控制力;三是要积极布局集成电路芯片、军工、人工智能、军民融合、清洁能源、智能城市等前瞻性战略性领域;四是地方国有企业要立足地情企情,聚焦产业聚集和转型升级。①

四 完善以管资本为主的国有资本监管体制,发挥两类公司作用

以管资本为主的国有资本管理体制改革为国企改革持续深化增添了强劲动力。以管资本为主加强国有资产监管,就是要打破传统体制,适应当前国有资产资本化、国有股权多元化的发展实际,更加尊重企业市场主体地位和企业法人财产权,消除国资监管越位、缺位、错位的现象,使企业微观主体活力得以释放。

完善国有资本监管体制,引导国有资本向前瞻性、战略性产业集中,向产业链、价值链中高端集中。完善新兴产业投资体制,明确新兴产业投资主体,促进国有资本布局具有持续发展能力的新兴产业。加强产业布局,引导投资方向,发挥国有资本的引导和放大效应,参与布局适合的民营资本项目,实现

---

① 张航燕:《国有经济布局优化的成效与调整取向》,《河北经贸大学学报》2021年第5期。

第四章
国有企业在促进创新驱动发展和科技自立自强中的作用

股权多元化,平衡好国有资本使命与市场化收益之间的关系。加强国有资本在科技创新领域的布局,切实解决关键领域和核心技术的"卡脖子"问题。① 随着国际局势的日益复杂,以美国为代表的西方国家对我国高新产业关键核心技术进行封锁,切实影响了我国的产业现代化进程和产业链安全。国有资本要引导资本市场各种要素资源投向科技创新,形成种子基金、天使投资、担保资金、创投引导资金、产业基金等全链条的金融支持体系。

国有资本投资公司和国有资本运营公司是完善国资管理体系和实现"管资本为主"的核心环节。"两类公司"的建立是促进政企分开和政资分开、实现出资人与公共管理者职能、国有资本所有权与企业经营权、资本运营和生产经营"三权分离"的最重要举措。"两类公司"在传统产业集团模式向现代化资本投资运营公司转型过程中,要弱化基于母子公司概念的"集团管控",强化基于平等法人财产权意义上的"公司治理",弱化实业经营企业的"业务体系"观念,强调注重投资收益和风险防控的"投资组合"意识。"两类公司"要适应竞争政策、支撑创新政策和落实产业政策,发挥考核评价体系的导向作用。"两类公司"要将产业投资基金作为培育发展战略性新兴产业的重要途径,聚焦创新型和高成长型企业,探索进入"云大物智"等技术领域,参与解决国家产业体系"缺芯

---

① 王宏波、曹睿、李天姿:《中国国有资本做强做优做大方略探析》,《上海经济研究》2019 年第 7 期。

少魂"问题及"卡脖子"技术难题。同时,设立产业扶贫基金、投资康养产业,助力民生发展,加大对经济社会发展重点领域、薄弱环节的投入。

五 调整优化政策激励,加强国有企业基础性研究

加强基础研究是提高我国原始性创新能力、积累智力资本的重要途径,是实现我国高水平科技自立自强、跻身世界科技强国的必要条件,是建设创新型国家的根本动力和源泉。加强国有企业基础性研究,应当调整优化政策激励,将国有企业研发重点放在若干前沿领域,解决一批国家经济社会发展中的关键科学问题;建设一支高水平的基础研究队伍,为建设创新型国家和 2020 年跻身世界科技强国奠定坚实的基础。[①]

一是针对产业发展关键制约环节合理布局科研力量。在国家层面上,构建以国有企业为主体、国有大型企业为主导、其他所有制企业广泛参与的生产技术研发体系和以大学、独立科研院所为载体的基础研究体系相结合的新型科研体系,针对产业发展的关键制约环节,合理布局科研力量。要鼓励国有企业借鉴吸收国际企业集团在基础性、前瞻性技术研究中的经验,推动基础性技术研究的顺利开展。对于国有企业技术中心或转制科研院所,要在薪酬、考核、晋升等激励方面制定与研发工作和创新规律相符合的政策措施,避免急功近利而影响企业长远发展。

[①] 叶静怡、林佳、张鹏飞、曹思未:《中国国有企业的独特作用:基于知识溢出的视角》,《经济研究》2019 年第 6 期。

二是采取专项支持等措施加强国有企业与科研院所在基础性问题研究方面的协同合作。转制科研院所在生产第一线，最贴近市场，也最容易出创新成果。建议行业主管部门和国有企业拿出专项经费，支持转制科研院所对行业共性问题、大型设备研发进行基础性研究，为国有企业及其所在行业的可持续发展奠定良好基础。

三是鼓励国有企业深化科技创新激励机制改革，引导科研类国有企业实行员工持股。鉴于科研类国有企业专业技术人员占比较高，研发活动比重较大，按照《中共中央 国务院关于深化国有企业改革的指导意见》精神，优先支持人才资本和技术要素贡献占比较高的转制科研院所、高新技术企业、科技服务型企业开展员工持股试点，支持对企业经营业绩和持续发展有直接或较大影响的科研人员持股，激发创新创造热情。

六 走开放型创新道路，提高国有企业国际竞争力

国有企业在国际化的过程中，必须将"走出去"和"引进来"相结合，统一为"国际战略合作"。在此过程中，应坚持以市场为导向，以企业为主体，统筹国内发展与对外开放，鼓励国有企业积极稳妥地开展国际战略合作。发挥中国的体制和外交优势，做好宏观政策指导协调，更好地利用国际国内两个市场、两种资源，整合各方优势创新资源，提高国有企业自主创新能力，推动经济社会持续快速协调健康发展。

国有企业要在扩大科技创新的对外合作中提升国际创新资源配置能力。只有在更加开放的条件下，创新资源配置能力才能得到充分释放和提升。必须全面贯彻落实对外开放重大举

措，进一步加大国有企业开放创新力度，加强与跨国公司的交流合作，特别是要继续深化在能源、矿产资源等领域的科技合作，积极引进外资等各类资本参与重组改制，使国有企业与其他所有制企业相互促进、互利共赢、共同发展。必须加快建成面向全球的创新资源配置和生产服务系统，不断扩大海外经营规模，提高海外市场份额，优化全球布局结构，打造国际知名品牌，形成国际竞争新优势。此外，国有企业加快开放创新、提升国际竞争力离不开政府的政策支持。有鉴于此，政府要加快制度设计和政策制定，做好国际产业园区建设、国际合作区域等规划，协调国际重大科技项目、合理部署科技创新的国际化进程。

国有企业国际化能够促进国有企业转移过剩产能、促进结构调整。首先，国有企业国际化是当前阶段对经济发展的有益补充，是对当前贸易出口下降的有效弥补。那些在国内产能过剩的企业，可以通过国际合作获得进一步发展的空间、条件和资源。其次，国有企业国际化能够缓解能源压力、保障能源供给。同时，国有企业国际化能够有利于国有企业获取先进技术、促进技术创新，更有利于学习、掌握国外的先进技术和管理。最终形成一批在国际资源配置中占主导地位的领军企业、引领全球行业技术发展的领军企业以及在全球产业发展中具有话语权和影响力的领军企业。

七 加强人才队伍建设，提高国有企业的人才吸引力

随着国有企业体制改革的深化，国有企业的经营管理模式在不断改进，越来越多的国有企业加入到业务模式创新、技术

第四章
国有企业在促进创新驱动发展和科技自立自强中的作用

变革的队伍中。毋庸置疑，企业创新与变革需要更多创新人才参与其中，国有企业想在市场竞争中脱颖而出，必须要吸引更多的创新人才，同时减少创新人才的流失。国有企业可以从薪资激励、企业文化和人力资源制度三个方面减少人才流失，促进创新人才的成长，推动企业的创新与进步。[①]

一是加强国企薪资激励。通过提高人才的工资待遇，引入市场化的薪资待遇体系，设计合理的业绩衡量指标和薪资等级，为业绩好的员工提供高于市场涨幅的薪资，对业绩差的员工采取一定的惩罚措施。同时强化激励，扩大激励薪酬在总薪酬中的比例，设计切实可行的业绩目标，对超额实现目标的员工提供高于市场水平的薪资激励。进一步优化企业的福利制度，使非领导层的骨干员工也能享受良好的福利待遇，例如为员工提供住宿，降低员工的生活成本，减少员工的后顾之忧。[②]

二是建立创新、变革、重视人才的企业文化。企业文化是企业员工工作、成长的环境，是员工的行为指南与约束，良好的企业文化与公司的发展战略相统一，激励员工为企业的目标与发展奋斗。企业文化通常与组织架构密切相关，应减少决策链条长度，扩大员工决策空间，提高员工的积极性与主观能动意识。可以成立项目小组开发新的产品或推动新技术、新模式的实现，明确权责，将创新变革落到实处。国有企业的性质决定了其具有较强的风险规避特征，这使得企业整体文化氛围更

[①] 张琳：《新形势下国有企业人才队伍建设》，《人才资源开发》2022年第4期。
[②] 白越峰：《稳定国有企业人才队伍的对策举措》，《现代国企研究》2019年第12期。

保守，创新氛围缺乏，员工缺乏创新与变革的动力与环境。而在如今的大环境下，技术、产品与商业模式变化更迅速，只有创新与变革才能在竞争中脱颖而出。因此需要在国有企业内部形成积极进取、勇于创新、勇于尝试的文化氛围，不让创新变革只是一句宣传语，而是从上层进行变革，为员工提供更多的机会，包括培训与实操的机会，使员工参与到企业的创新与变革中。

三是完善人力资源制度，加强员工职业规划。目前国有企业在员工职业规划、职业培训方面的制度不够完善，人力资源部门应该将企业战略规划、人力资源计划和员工个人的职业生涯规划结合起来，在企业发展变革的过程中不断创造出更多更有技术含量的岗位，为员工提供更多参与决策、进行团队合作与创新的机会，注意职业发展阶梯的设计，给员工更多向上发展进步的空间。同时实行"终身培训"，为不同岗位、不同等级、工作经验不同的员工提供更有针对性的培训，在职业生涯不同阶段提供不同培训，为员工提供新的知识与技能，使员工的技能与行业发展、企业发展相匹配，增强员工的敬业创新精神与归属感。

第五章

国有企业在确保我国经济安全发展中的作用

建设新发展格局和现代化产业体系的重要着眼点之一，是如何在最严峻的条件下保障我国的经济安全，而保障国家经济安全无疑是国有企业的天然使命与责任。尽管国有企业在不同历史时期主要职责和作用有所不同，但保障国家经济安全永远是其基本职责。而在新发展格局下，现代化产业体系的安全与可控性是第一位的，这就决定了未来一段时期，保障国家经济安全发展是国有企业的首要任务。国有企业的评价体系也会因此出现针对性的调整。

第一节 我国经济安全发展面临的挑战

新中国成立后，中国经济一直保持着高速增长的态势，总体经济水平不断提升。2019年中国GDP的总量接近100万亿元人民币,排名世界第二,与2018年世界排名第三、第四、第五、第六的日本、德国、英国、法国四个主要发达国家2018年国内生产总值之和大体相当。而按照联合国公布的数据,按照购买力平价指标,早在2014年我国的GDP就已经超过17万亿美元,超过美国,成为世界第一大经济体。但随着中国经济实力的增强,尤其是近十年来,我国企业的生产业务不断向处于国际价值链上游的高利润区延伸,对以美国为首的西方发达国家既得利益构成了威胁,于是开始受到持续的打压。经济全球化不断面临着民族主义、孤立主义、保护主义、霸权主义以及新冠肺炎疫情冲击,变得岌岌可危,我国所面临的外部经济环境不断恶化,经济安全面临强劲的挑战。

一 社会主义市场经济发展面临的挑战

无论是改革开放的基本国策,还是新发展格局的战略设计,所有的政策目标都是让中国在社会主义道路上越来越强,历史的经验告诉我们:只有社会主义才能救中国,才能发展中国。但随着外部和内部环境的变化,坚持社会主义道路正面临着多重挑战。

1. 国内资本的无序扩张对公共利益的挑战。资本的天然属性就是追求自身增值的最大化。近十余年的时间,国内各类型资本呈现出野蛮生长、无序扩张的态势,它们彼此渗透,构成一个复杂的利益集团。这个利益集团以追求自身资本增值最大化为目标,将自身利益放在公众和国家利益之上,对公共利益构成了严峻的挑战。从经济实践上看,尽管中国的经济增长迅速,但以往那种偏重效率的改革措施,也为资本的无序扩张提供了客观条件,进而带来了严重的经济与社会问题。一方面,大量的中低收入群体需要国家的政策保障;另一方面,日益强大的资本集团持续提出维护自身利益的要求,而这种要求往往是以牺牲绝大多数中低收入阶层的利益为前提。房地产、医疗、教育以及资本市场乱象频生,普通民众在各种市场化的过程中成为利益的牺牲者,资源和财富不断向少数人手中集中。尤其是近年来,大量国内资本已经脱离了实业范畴,利用各种金融手段甚至违法手段以求获取高额回报。"小额贷""套路贷"的出现,P2P平台的全面崩塌,都是此类矛盾爆发的体现。甚至以网络新科技著称的公司,也开始放弃了创新带来的增长,而是将盈利目标锁定在民众的衣食住行上,试图依靠短期内大量补贴占领市场。从以往诸如"滴滴打车""共享充电宝"之类的公司后续运营上看,它们在投入期过后都会试图通过对渠道和市场的垄断来获取高额垄断利润,这种行为源于资本的特性,也是必然的发展方向。它们所带来的,是广大群众生产、生活的长期福利损失。更有甚者,某些资本集团凭借对大量自媒体与网络新媒体的垄断优势,不断宣扬挑战公共利益的观点,从自身利益出发引导舆论,甚至"996""007"这样挑战《中华人民共和国劳动法》底线的行为,也会被媒体宣扬为"福报",造成恶劣的社会影响。种种迹象表明,国内资本的无序扩张,已经严重损害到公众的利益,甚至对我国基本经济制度构成挑战。

2. 国际资本流动对国内经济发展构成挑战。中国的经济增长迅速,这得益于改革开放后大量的外资投入。但同时,也为我们的发展埋下了隐患。在美国打压华为的过程中，就有在中国境内的外资企业按照美国的要求对华为进行封锁的案例出现，甚至撕毁供货合同、扣押原材料，乃至最后退出中国市场。近几年，由于中国企业的发展，市场竞争的加剧，某些行业的外资企业出于经济或政治考虑，在逐渐撤出中国，将生产线转移到越南、印度等其他国家，我国的产业链和供应链会因此受到极大的影响。随着我国资本市场的开放，大量国际游资涌入中国，改变了过去大量外资进行直接投资的格局，房地产和金融市场成为国际资本的投资热点。大量改变原本投资用途的资金和违规流入的资金常常会游离于监管之外，对我国经济秩序造成严重威胁，一旦在某些极端情况下被触发，甚至会直接影响到中国的经济安全，20世纪末的亚洲金融危机就是前车之鉴。可见，一旦外部经济环境和政治环境进一步恶化，甚至出现某些极端的经济、政治变化，庞大的国际资本会对我国经济系统造成严重的冲击。

3. 两极分化对共同富裕的挑战。社会主义经济发展的目标是实现共同富裕，党和国家近年也在不断向着这个目标努力。但是，由于私有资本的不断膨胀，初次分配过程中劳动者的权益很难获得有效保障，按劳分配的原则在私人部门失效。回顾改革开放初期，国有企业数量占绝对主导地位时，私营企业员工的工资收入普遍高于国有企业，而当国有企业数量下降到一定比例之后，私营企业在劳动力市场上处于相对垄断地位，资本对劳动力议价的优势会占绝对上风，劳动力市场供求畸形，按劳分配无法得到有效实施。2019年，国有企业单位就业人员平均年工资 108132 元，私营企业就业人员年平均工资 53604 元。① 国有企业与私营企业就业人员年收入超过一倍的差额，并不是国有企业对劳动力价格的高估，而是私营企业对劳动力价格的畸形压制。根据多地的统计，绝大部分私营企业制定的员工基本工资就是法律规定的当地最低工资标准，只有通过超额完成工作量或加班等方式才能获得更高收入；与之对比，在初次分配过程中，国有企业对员工劳动力价格定价要公允很多。这种现象的背后是国有企业与私营企业在劳动力市场上严重的力量失衡。2019 年，国有企业就业人数 5473 万人，而私营企业就业人数为 22833 万人，达到了国有企业的 4 倍以上。而用工市场失衡的背后，是私营企业与国有企业整体实力的失衡。2019 年，企业法人单位数为 21091270 个，国有企业法人单位数只有 74547 个。以工业企业为例：工业企业法人单位数为 377815 个，而国有工业企业法人单位数仅为 1522 个；从资产总值上看，2019 年私营企业为 275492.30 亿元，国有企业为 32029.40 亿元；在营业收入上，2019 年私营企业为 346222.70 亿元，国有工业企业为 21450 亿元，二者力量对比完全失衡。2019 年，全国国有企业资产总额为 233.9 万亿元人民币，而社会总资产则为 1302 万亿人民币，国有企业资产在社会总资产中的占比仅为 17.96%。可见，强大的私人资本利用其规模优势，有效地压制了劳动力在初次分配中的比例。与

---

① 数据来源：国家统计局网站：https://data.stats.gov.cn/easyquery.htm? cn = C01&zb = A040G&sj = 2020。

私营企业相比，国有企业技术水平高，劳动生产率高，实际用工量较同等规模的私营企业更少，国有企业用工对劳动力市场价格影响小，初次分配造成两极分化的趋势很难逆转。尽管我国国有企业还控制着涉及国计民生的关键行业，能够从总体上保证中国经济的稳定，但就总量上看，已经远远落后于私人部门，这种比例结构已经在各个方面对中国基本经济制度构成了直接挑战。

二 产业结构失衡的挑战

从中国的经济发展现状上看，在新发展格局下构建现代产业体系，还面临着产业结构失衡的挑战。

1. 实业与金融业发展的失衡。这种失衡是在过去十几年的时间持续的矛盾积累形成的。一方面，国内外激烈的市场竞争和企业生产技术水平的普遍提升让实业投资的盈利水平不断降低；另一方面，房地产成为类金融产品，房地产市场的畸形繁荣对实业资本构成了严重的挤出效应。这些资金的规模不断膨胀，不仅仅是股票、期货、债券、房地产，甚至各种农副产品都成为资金定期炒作的目标。脱离了实业的资本构成了一个复杂的体外循环模式，它们的发展壮大不是建立在促进社会生产和资源配置合理化的基础上，而是通过对已有资源的不合理分配获取收益，不仅损害公平原则，甚至对社会生产造成巨大的冲击，加速了两极分化的进程，造成大量的社会问题。资本运营应该建立在实业发展获取利润的基础上，为实业发展服务，但即使在实业投资上，国内的资本也出现了以炒作为目的的非理性行为。大量的风险投资不是用严谨的评估利润和发展前景的方式进行投资目标的选择,而是使用种种概念炒作的方式进行博傻式的一轮轮融资,成为披着实业外衣的金融炒作,最终严重损害了公众利益。

2. 产业链结构的失衡。中国的全产业链结构已经成为中国的核心竞争能力,但完整的产业链结构并不代表着合理的产业链结构。在某些领域上,产业链的自主可控能力不足;在某些拥有足够的自主可控能力的产业链环节上,充分供给能力不足;在某些能够充分供给的产业链环节上,却因为技术落后面临着有效满足需求的供给能力不足。这主要是由于在过去数十年中,中国一直在努力融入全球经济一体化的体系中,成为全球供应链和价值链构成的一部分,正常状态下这种产业链构成并不存在问题。但在新发展格局下,这种产业链结构的失衡显然会危及我国的经济安全,美国对中国的芯片和高科技企业的制裁已经充分说明了这点。因此,这一问题在建设现代产业体系过程中是首要面临的具体矛盾。

3. 国内产业结构升级后带来的产业空洞化风险。在过去的一段时间内,由于经营成本上升、产业结构升级、市场竞争加剧等因素,大量的劳动密集型产业出现了向东南亚地区转移的现象。一方面这种产业转移本身属于中国产业结构优化的产物,是资本对利润追求的必然结果;但另一方面也对中国构建现代产业组织体系提出了严峻挑战。现代产业组织体系是一个能够安全可控、满足市场需求的体系,这个体系追求的是在新发展格局下保证中国经济的稳定,产业结构升级仅仅是实现目标的手段而非目的。从发达国家的经验上看,产业结构升级常常伴随着产业空洞化的结果,而我国现在的经济运行也验证了这一发展趋势。如果单纯从利润增长和资源利用角度上看,在世界经济一体化的大趋势下,一国的产业空洞化并没有太大的问题,但在新发展格局打造安全可控的现代产业体系的要求下,在全产业链结构成为中国核心竞争力的前提下,因为低端制造业转移而形成的产业空洞化的发展趋势会造成全产业链的整体优势失效,某些极端情况下甚至会严重危害中国的经济安全。经济第一、工业第二的美国在新冠肺炎疫情暴发后,相当长时期无法供给足够的防护口罩,就是最好的例子。而随着中国的产业结构升级,可以预见,低端制造业会不断萎缩,有可能出现国内某些产品的生产能力无法满足国内的需求,甚至出现产业链环节的缺失。

4. 关键产业掌控力面对挑战。尽管国有企业一直在关系国计民生的行业中保持着强劲的控制力,但在某些关键产业上,依旧存在着掌控力的风险,造成国内产业结构的失衡。例如在第一产业中,国内农作物种子的供给和需求就出现了问题。尤其是经济作物的种子,自给率很低,需要大量地进口。而玉米等某些主要粮食作物的种子、化肥和农药行业,外资控制力极强。2019 年我国进口农作物种子近 7 万吨,进口额 4.35 亿美元,出口额 2.11 亿美元。以我国粮食主产区东北和黄淮海地区为例,黄淮海地区种植的玉米主要是美国先锋公司的"先玉 355"品种,东北北部地区种植的玉米种子主要是从德国进口。西部地区的小麦产区的麦种,也有一部分依靠进口。蔬菜种子进口额占一半以上,某些蔬菜种子对国外依存度甚至直接威胁到产业的发展,如西兰花种子,进口数量达到95%以上。与此类似的,在铁、铜、石油等诸多原材料的供给上,受进口的影响极大,原材料来源相对单一,无法做到自主可控。另外,由于多年的市场化改革,在某些提供公共产品和准公共产品的行业,也面临着失衡的危险。例如多个城市的水务供应就掌握在外资企业的手中,市场化改革后造成水价飙升;大量私人资本进入医疗行业后,不仅没有起到通过市场化改革提高服务水平、降低群众负担,反而是"莆田系"之类的事件频发,而当新冠肺炎疫情出现后,大量实力雄厚的私营医院的表现更是让人失望;教育产业化后,私营学校和辅导机构本应是教育体系的有效补充,但在义务教育阶段却出现了各种问题,普通民众承担的教育成本不断上升,教育资源严重不均,城乡之间、学校之间的差异持续增加,甚至出现因为教育资源占有不同而形成阶层固化的发展趋势。这些在建设现代产业体系中无法做到安全可控的关键产业,直接对经济安全构成严重威胁。

5. 数字化经济带来的新挑战。从国内和国际的发展趋势上看,各个行业的数字化发展趋势已经非常明确。同样,在建设现代产业体系的过程中,也面临着数字化经济带来的挑战。数字化应用的最重要一点,是可以大幅度降低市场交易成本和企业的管理、运营成本,提升市场交易效率和企业生产效率。但这一发展趋势在各个行业和部门间的进度是不一致的,提升的效率水平也有很大的差别,行业与部门间的资源流动会比以往更加复杂,让原本趋于稳定的产业结构处于时刻变动的过程中。这一趋势与建设现代产业体系的进程相互交织,无疑会增加现代产业体系的构建难度和复杂性。与此同时，某些数字化产业还在人为制造着产业结构的失衡，甚至直接导致市场运行机制的失衡。由于现在的数字化产业绝大部分掌握在私人资本甚至外国资本手中，他们在企业内部实现了对数据搜集和使用的绝对垄断。违法违规搜集数据、滥用数据、侵犯个人隐私，乃至通过对掌握数据和数据平台的垄断滥用市场支配地位、人为扭曲市场行为的现象屡见不鲜，原本用于提升企业生产效率和降低市场交易成本的数字化手段，反而因为垄断因素阻碍了企业生产，增加了市场交易成本，降低了运行效率。严重者，甚至会直接危害国家经济乃至政治、国防安全。诸多购物平台的用户数据泄露和滥用、特斯拉公司的"数据霸权"、人脸识别的信息搜集与技术滥用等事件，无不体现了这种危险的发展趋势。

三 国际化过程中非经济因素的挑战

过去的数十年中，根据国际价值链理论、按照比较优势原则进行世界性资源配置而逐步形成了全球经济一体化格局。中国就是这一格局的主要受益者之一。"一带一路"倡议的提出，也是建立在全球经济一体化进程不断推进的基础上的。但近几年，一体化的进程被严重干扰，甚至出现了大幅度的后退。贸易摩擦、保护主义、霸权主义盛行，非经济因素严重阻挠了国际化的进程。党中央提出的"新发展格局"是以国内大循环为主体、国内国际双循环相互促进的战略构想，而国际循环必须建立在稳定、有效的国际经济体系内。2021年4月21日，澳大利亚联邦政府就以该国《对外关系法案》为由撕毁该国维多利亚州政府同中方签订的"一带一路"有关协议。客观现实很清晰地表明，外循环体系的建立将面临重重困难，这直接影响到现代产业组织体系的建立和中国经济的安全发展。

在霸权思维、种族主义和意识形态对抗的多重影响下，以美国为首的西方发达国家频频利用非经济手段对中国国际化发展的企业进行打压。这种打压的根本并不仅仅因为中国政治体制和经济体制与西方国家存在差异，更主要的是中国的崛起让它们面前出现了一个强劲的竞争者，阻碍了它们在全球攫取超额利润的道路，这种矛盾必然长期存在，无法调和。甚至出于地缘政治的考虑，一些发展中国家也不断加入到打压中国企业的行动中，让中国企业的国际化进程受挫。例如，中资企业在已经完成了对乌克兰马达西奇公司收购后，竟然被乌克兰政府以国有化的名义强制冻结资产，甚至限制撤资、增资，不许中方管理者入境，限制证券交易。

第二节　国有企业在确保我国经济安全发展过程中的作用方式

从我国经济安全发展所面临的挑战上看，在构建新发展格局的过程中，现代产业体系的打造必须注重发挥国有企业的作用，不断做强、做大国有企业，让国有企业在经济系统的各个领域中都有所作为，以弥补经济系统中的漏洞，保障中国经济的安全发展。

一　国有企业维护中国经济安全发展的基本原则

维护中国经济发展安全的基本原则是必须坚持和完善中国特色社会主义经济发展道路，其关键点就是国有经济和国有企业的发展壮大。改革开放之前，中国的国民经济发展是以苏联为模板的计划经济体制；改革开放以后，又开始了与西方发达国家市场经济制度接轨的过程。在新中国七十多年的经济实践中，中国共产党人不断探索，逐步形成了适合中国国情的中国特色社会主义经济发展道路。这个发展道路在不同阶段的主要政策措施是不同的，但无论何种政策措施，都需要针对客观经济环境和条件设置，其终极目标不能偏离社会主义道路，都要为这一终极目标服务。在过去的四十多年中，为了提升经济系统的运行效率，国有企业不断收缩经营范围，时至今日，其资产规模已经低于社会总资产的20%。短期内，依靠国有经济对关键行业的控制和强力政权的保障可以坚持中国特色社会主义发展方向不变；但从长期上看，只有高比例的国有经济才是实现社会公平与共同富裕、坚持中国特色社会主义发展方向不变的根本保障。尤其在新发展格局下，国有经济有进行扩张的客观要求。同时，经过数十年的改革，国有企业已经建立起有效的管理模式，其管理效率和经营效益不断提升。最重要的是，中国特色社会主义市场经济体系已经建立并基本完善，在这个体系内，无论国有企业还是私营企业，都应该是平等的竞争个体，公平的市场运行制度足以保障国有企业在竞争中发展壮大，让国有经济份额在竞争中持续增长。

二 国有企业维护经济制度安全的作用方式

国有企业在维护中国经济制度安全方面能够发挥至关重要的作用。中国的基本经济制度是社会主义制度的根本保障。"以公有制为主体、多种所有制经济共同发展"可以保证国家对经济发展方向和社会发展道路的掌控;"按劳分配为主体,多种分配方式并存"是现阶段最大限度地保证公平与效率相均衡的原则,而社会主义市场经济体制是经济快速健康发展必需的外部制度保障。新发展格局是在底线思维模式下针对经济环境最恶劣的可能性进行布局。很明显,在外部强大的压力下,国内经济发展首要的目标是保持稳定,避免内部矛盾的出现和爆发。在这样的前提下,现阶段经济系统对"公平"原则的需求超出了"效率"原则。现阶段,已经拥有世界第一工业生产能力的中国因为过去对经济发展效率的追求而积累了大量的社会矛盾,当全球经济一体化和"一带一路"建设面临巨大困难的时候,再依靠快速经济增长来化解这些社会矛盾会面临巨大的风险,必须转换经济发展的重心,由偏重"效率"转向弥补"公平"的缺失,实现社会"公平"与经济"效率"的均衡,而实现这种转变最有效的手段,就是国有企业的快速发展和国有经济的规模扩张。在新发展格局下,国有企业不仅要在涉及国计民生的行业内拥有绝对的掌控力量,还应该在竞争性行业进行市场化扩张,通过公平竞争来获得更高的市场份额和更快的增长,实现国有资本在社会资本总量上获得相对甚至绝对的主导地位,保证经济和社会发展的社会主义方向;国有企业通过扩张,可以吸纳更多的劳动力,在劳动力市场上和其他所有制企业构成竞争，让劳动力的市场价格更加合理；在初次分配过程中，国有企业对劳动力获得报酬的分配远比私营企业公平，随着国有企业规模扩大和用工规模的增加，会让按劳分配这种分配方式覆盖范围更大，进而促进全社会范围内初次分配的"公平化"，从源头上减轻两极分化的程度。要实现上述目的，必须坚定不移地支持国有企业发展壮大，将国有经济的成分重新延伸到所有的行业，只是在这个过程中要遵循市场化原则，保障市场机制发挥作用，在不同所有制企业间实现市场竞争、实现优胜劣汰，避免非市场化手段造成的不公平竞争和垄断。对国有企业自身而言，在某些市场失灵的领域要替代政府发挥作用，在特定时期甚至要以牺牲企业效率为代价来实现社会福利的最大化，充分保障中国经济制度安全。

三 国有企业维护经济秩序安全的作用方式

国有企业要在维护经济秩序安全上发挥主导作用。不断发展完善的中国特色社会主义市场经济机制，就是一个以市场为主要资源配置手段、用竞争机制来实现市场有序运行并兼顾分配公平以实现共同富裕目标的综合系统。从最近一段时期的经济运行状况上看，中国经济运行过程中常常出现秩序紊乱的状况，造成市场主体的行为扭曲，经济总体运行波动幅度增大。从近期出现的滥用垄断势力的案例看，这些事件的市场主体基本都属于私人部门，例如网络平台的垄断行为、医药原材料的垄断高价等，都造成了极其恶劣的影响。与通过技术或管理创新来提高利润率相比，获得垄断地位的企业更愿意依靠垄断力量扭曲市场行为的方法来获得超额利润，并不在意此类行为会扰乱正常的经济运行秩序。这种扰乱市场秩序的行为属于市场失灵的领域，一般做法是运用行政力量进行监管。不过行政力量很难在事前做出反应，通常都是在市场秩序被破坏后才会采取应对措施，只能"事后处理"，无法做到"事前削减"。从资本构成角度上看，中国现在大部分市场秩序的失衡，都是因为国有和私有资本力量失衡导致了竞争的失衡。如果国有资本大幅度扩张，在各个领域与非国有资本构成了有效的竞争，就可以最大限度地避免垄断的产生，避免经济运行秩序的失衡。把某些市场失灵的领域变成有效的市场，就可以做到"事前削减"，能够最大限度地降低行政行为对市场的干预频率，避免市场行为的进一步扭曲。对于某些寡头垄断的竞争性行业而言，私人资本之间更容易达成"合谋"，以实现限制竞争、获取垄断利润的目的，一旦国有资本参与到这些领域的竞争中，这种"合谋"的可能性就会大大降低，既保护市场参与者的合法利益，又能够维护弱势群体利益，更好地保护了竞争。在某些由非国有资本提供的公共产品、准公共产品的天然垄断行业，政府的种种外部价格与质量限制措施无法得到有效实施，更无法对企业内部运行进行有效的监管，基础性生产与生活资料价格连年上涨的现象比比皆是，严重影响经济运行的稳定。在新发展格局下，很多由私人资本控制的天然垄断行业已经威胁到经济秩序的安全，应有针对性地采取国有化措施，用国有资本的垄断来取代私有资本的垄断，从而实现对运营成本和企业利润率的有效监管，最大限度地提升社会总福利，保障经济有序运行。

四　国有企业维护经济主权安全的作用方式

国有企业在经济体系内扩张性布局，有助于在新发展格局下提升维护中国经济主权安全的能力。随着中国改革开放进程的加深，尤其是金融系统的开放程度不断加大，越来越多的国际资本开始进入中国。经济合作与发展组织公布的数据显示，2020年，在全球FDI流量暴跌42%的情况下，中国FDI逆势上扬，达到1630亿美元，成为全球第一大外商直接投资国。这种国外投资快速且持续增长的状况，一方面体现出了中国制度环境和经济环境的吸引力，促进了经济增长；另一方面，越来越庞大的外国资本正在逐步渗透到中国经济系统的各个方面，对我国经济系统的"自主、可控"能力提出了新的挑战。大量的海外投资在进入中国后，或者独资，或者通过复杂的资本运作与中国本土的私人资本联合，构建出一个由外国资本主导的庞大利益集团，在诸多行业内获得垄断地位。例如跨国粮商就曾经利用各种资本运营的手段打击国有油脂企业，在2006年一度并购了超过65%的油脂加工厂，获得了80%的市场供给能力，让中国本土的大豆产业几乎丧失殆尽，完全操纵在国外资本手中，经济主权安全受到严峻挑战。很显然，如果因为担忧经济主权安全而限制外资的进入和发展是得不偿失的。绝大部分外资都处于竞争性行业，在过去的改革中，中国用国有企业的大量退出的方式来培育市场竞争主体，获得了快速增长，但在某些领域，过于强大的国际和私人资本已经对经济主权构成了威胁，必须通过放开、鼓励国有企业在这些行业的投资，再次打造出一个竞争性的市场环境，最大限度地避免因为国际资本流动而对中国经济主权构成威胁，强大的国有资本可以起到经济稳定器的作用，避免因为资本的垄断行为而造成经济巨幅波动的后果，提升经济系统的抗风险能力，实现新发展格局下建设一个自主、可控的现代产业体系的目标，维护中国的经济主权安全。

五　国有企业在维护经济发展安全中的作用方式

新发展格局下构建的现代产业体系是一个能够满足产业结构向高度化攀升并充分满足社会生产、生活需求的系统，这是维护经济增长安全的必然要求。而在这一过程之中，国有企业可以在多方面发挥有效的作用，维护经济发展安全。

1. 维护粮食安全。粮食安全是关系国家、民族生死存亡的大事，丝毫马虎不得。这也是建设现代产业体系中处于第一位的基石。保证粮食安全不仅包括粮食作物，还包括蔬菜、鱼、肉、蛋等多种副食品与其他类的经济作物的供给充分，维护由此延伸出来的第一产业的各条产业链整体安全。尽管中国已经做到完全的主粮自给，但在农业生产过程中还是存在着重重的隐患，这些隐患源于国际价值链与产业链的分工布局，虽然一般不会对中国的经济安全构成严重的威胁，但在某些极端情况下依旧存在着对中国农业生产造成巨大冲击的可能。而且，即使在自主可控的主粮生产领域，也面临着人民日益提高的需求结构变动，因此，在底线思维下，国有企业必须在这些薄弱环节布局，最大限度地做到粮食生产的自主、可控。

国有企业要进行机械化大农业和生态农业的生产，用先进的生产力和管理体系实现有限资源的充分利用，真正实现"藏粮于地、藏粮于技",保障主粮安全。随着机械化水平的提高,农业的发展已经越来越呈现出规模化、机械化的趋势。从北大荒等大型农业类公司的发展可以看到,大型农场式的现代机械化大农业可以让分散的土地资源获得充分的利用,能够有效地实现资源配置优化,做到农业高质量、高水平的发展。尤其是在可以实现可持续发展的生态农业领域,集团化经营的公司远比单独经营的小规模农户更有优势,可以走高技术含量、高投入、高产出的发展道路,实现循环农业,在农业发展和生态保护中取得平衡。与私营企业相比,国有企业由于追求的是社会福利最大化,更容易实现这种实际利润率水平较低、需要依靠规模化获得竞争优势的发展模式。

在具体产业上,国有企业要进行经济作物和农副产品的发展布局,补充产业链和供应链的失控环节。在过去的改革中,由于过于强调市场自发调节和依赖国际供应链,我国大量涉及经济作物和农副产品供应的关键环节控制在国际资本手中。随着人民收入水平的提高,对农产品的消费也出现了重要的结构性变动,而我国能够自主掌控的农业环节还主要集中在主粮上,对日益增长的农副产品产业链的关键环节重视不足。2002年后,中国的油脂加工企业就在国际资本的进攻下不断收缩,大豆产业甚至一度被国际资本垄断,东北的大豆生产低迷,与大豆相关的化肥、农药、经贸、轻工与食品等上中下游产业受到极大伤害,甚至连国产制油设备都极度萎缩;在蔬菜种植上,中国近半的蔬菜种子依赖国外进口,而且进口渠道集中,无法做到自主可控;2019—2020年全国性的猪肉价格上涨,就是源于猪肉本国的供给能力不足，且猪饲料、种猪和大量肉猪的养殖掌握在外资和民营资本手中，国家对于猪肉供给的干预能力有限，依靠储备肉调节市场供求，无法起到平抑物价的作用，而从2021年3月开始，猪肉价格大幅下跌，其根本的原因是处于垄断地位的猪肉供给商为了获取高额垄断利润，有意控制猪肉供给水平，直到最后时刻才大量低价供应，让猪肉价格出现断崖式下跌，很多后进入的养殖户只能低利润甚至亏本出售。可以预见，随着人民对生活品质要求的提升，对经济作物和农副产品的消费水平和需求结构也会不断提高，这些领域如果不加以控制，会造成极大的社会问题。而且，这些方面都属于市场竞争领域，应该主要依靠市场的手段解决。鼓励国有企业进入农业育种、化肥与农药的生产、经济作物生产加工、农副产品供应等产业，在所有制层面与非公经济实现市场竞争的力量均衡，就可以最大限度地实现这些领域的自主可控，也可以在保障供给的同时维持市场活力，实现资源配置的优化。

2. 维护原材料供应安全。作为社会生产最基础的环节，保障原材料的供应是维护所有产业链和供应链安全运行的首要任务。中国在新发展格局下建立现代产业体系，首先要求拥有足够的工业原材料供应。但客观的情况是，我国很多工业资源的供给量充分，但优质供给不足，某些工业原材料甚至长期处于短缺状态。石油、天然气、铁矿石、铜矿石等诸多原材料进口量屡创历史新高，依靠国内的供给能力根本无法做到自给，必须依靠国际进口补足缺口，且进口来源集中，路径依赖大。在与澳大利亚的贸易摩擦中，澳方就是依靠中国对铁矿石的依赖性，通过不断涨价的方式弥补对中国的出口损失，在遏制中国的过程中有恃无恐。2020年，在疫情冲击全世界工业生产的大环境下，铁矿石和铜矿石的价格却屡创新高，对中国的工业生产造成严重冲击。很显然，原材料供应是现代产业体系得以建立和维系发展的基础，而国有企业在此过程中需要承担更大的责任。第一，国有企业需要通过国际化的方式，通过参股、控股、合作开发等多种形式，实现中国原材料的产地来源多样化，降低对某些国家的依赖，进而降低原材料供给不足和市场价格变动的风险；第二，国有企业需要通过技术改造，有效实现资源的再次回收利用，促进资源的节约和循环利用；第三，国有企业需要利用技术优势，不断开拓新材料的研发，对传统材料实现替代，进而降低对进口原材料的依赖；第四，国有企业通过加大技术开发投入，实现冶炼加工技术进步，降低加工成本，促进贫矿的有效利用，进而降低对进口优质矿石的依赖；第五，国有企业可以在国内勘探和原材料储备等方面加大力度，以保证在极端情况下实现国内原材料自给。之所以让国有企业承担这些任务，是因为这些措施的绝大部分会通过降低企业自身利润率的形式提升社会总福利，与企业追求客观经济效益的目标相悖，很难通过市场化的手段进行，只有国有企业才是最好的执行载体。

3. 维护数字化安全。数字化是中国经济未来发展的一个大趋势。一方面，数据作为一个有效的生产资料已经成为独立的分配主体；另一方面，在传统生产与服务行业中，数字化的应用也在实现生产效率提升的同时,不断降低管理成本和交易费用,促进经济运行效率大幅增长。国有企业有必要在这一新兴领域发挥重要作用,维护数字化安全。中国的数字化进程一直处于市场野蛮成长的状态,主导力量是私有企业以及这些企业背后通过复杂的股权关系实现控制的外国资本。在大数据时代,大量的敏感数据被掌控在私营部门甚至外国资本手中,它们为了获得垄断利润,通过数据霸权扭曲市场行为,直接降低了市场运行效率,最大限度地压榨劳动者剩余价值,甚至威胁到国家的经济乃至主权安全。现代产业体系的构建,需要信息流的稳定、高效传递,私人部门对数据的垄断是有效信息传递的最大障碍,打破这种数据霸权的有效手段之一,就是通过市场竞争来促进数据的有效利用。数字化安全主要涉及四个方面:数据的搜集、数据的储存、数据的传输和数据的使用,其薄弱环节出现在搜集、储存和使用三个方面。

现有的数据搜集手段,一般集中在网络数据平台和数字化产品使用过程中搜集的数据,这其中违法、违规搜集个人数据的行为屡禁不止。一方面是因为相关的法律法规不健全,另一方面是由于市场体系尚不完善,相关的市场规则并未建立。因此,国有企业可以通过正规平台和数字化产品的供给,用市场化手段进行竞争,进而设立相应的市场规则,用优质产品与服务来获得市场份额,压缩违法、违规产品的市场空间,维护数据搜集过程中的安全性。

在数据的储存方面,国有企业可以设立处于国家监管下的大数据储存企业,通过分级制度实现数据储存的安全性,与私有大数据企业构成有效的市场竞争,形成有效的数据供给市场,降低数据使用成本,实现数据的市场化定价,限制数据霸权的滥用。在此过程中,可以通过对国有企业大规模的数字化改造,将各个国有企业的数据资源聚集到一起,构建一个数据共享、资源丰富的庞大数据库系统,进一步提升整个社会的数据利用效率,降低数据使用成本。

在数据使用上,对数据的滥用是最为突出的问题。相关企业利用技术手段通过对数据的滥用来获取不当利益已经成为一个重要问题。例如百度搜索引擎的付费广告,就成为莆田系医院的重要推手。数据平台的付费排序、侵犯消费者个人隐私的广告推送甚至大量利用个人信息有针对性的诈骗犯罪已经成为社会痼疾。这些问题的根源在于缺乏监管和有效的市场竞争。监管的缺失让企业可以没有规则地肆意妄为;而缺乏有效市场竞争,又让这些违规的企业可以凭借稳定的市场占有率一次次突破监管的底线。政府可以通过制度规制惩罚数据的滥用行为,但处罚力度通常无法超过垄断企业通过滥用数据而获得的收益,企业很快就会故态复萌。这就需要形成有效的市场竞争,引入经营规范的市场主体,打破企业对数据平台的垄断,一旦企业出现滥用数据的行为,就会面临严峻的市场惩罚,甚至被挤出这个市场。充分竞争是从根本上杜绝滥用数据现象产生的最主要手段,而经营规范的国有企业是实现充分竞争的有效载体。

4. 维护全产业链构成安全。2018年,我国在世界500多种主要工业产品当中,有220多种工业产品的产量位居全球第

第五章
国有企业在确保我国经济安全发展中的作用

一。按照联合国的分类标准，我国拥有全部41个工业大类、207个工业中类、666个工业小类，是世界唯一的全工业门类国家。全产业链构成已经成为我国经济发展的核心竞争力之一。在构建现代产业体系的过程中，维护全产业链构成安全也成为维护核心竞争力的重要目标，任何一个环节的缺失都可能造成巨大的波及效应，必须在极力突破现有产业链瓶颈的同时，注意避免出现新的堵点。

第一，全产业链结构的完整度与饱和度面临挑战。随着现代产业体系的构建，大量处于低端产业的企业会在市场竞争中被逐渐淘汰，这部分企业或者转产，或者将生产转移到其他国家和地区（现在就已经出现了大量劳动密集型产业向东南亚地区转移的趋势），这些企业的转移对产业链的完整度和饱和度构成了潜在的威胁。它们之所以转移主要是有两个因素：技术落后与成本过高。技术落后会让企业的生产无法满足市场竞争甚至环境保护的要求，成本过高则影响到企业的利润率和市场竞争能力。如果在全球供应链体系能够正常运转的情况下，这类转移对中国经济的发展利大于弊，但在新发展格局下，它们的转移会造成产业链自主、可控受损，在某些极端情况下，这些低端生产能力的缺失甚至会对国民经济造成致命的影响——美国在新冠肺炎疫情初期无法生产足够的防护口罩，就是中国的前车之鉴。但这种低端产业逐步被淘汰的发展趋势是市场的选择，是产业结构优化的必然趋势，是市场主体的理性选择。只是在新发展格局下，这种个体理性选择会危及中国整体经济效益的安全，尤其是损害全产业链结构为我国带来的核心竞争力。这就需要由国有企业提前布局，弥补这部分产业链的完整度和饱和度。这种弥补有两个原则，一是国有企业必须保证产业链的完整度，二是国有企业必须保证在极端情况下能够快速扩张生产，保障市场供应，即拥有一定的满足产业链上下游需求的饱和度。国有企业在弥补产业链潜在缺失威胁的过程中，不能仅仅是替代原有企业的位置，还要注意市场化的原则。通过技术改造提升劳动生产率，在劳动密集型产业用先进技术来取代冗余劳动力，用符合环保标准的新技术、新工艺取代高污染的旧技术、旧工艺。这一切都不是一蹴而就的，必须提前布局，从根本上避免现代产业体系出现新的堵点，维持全产业链结构的完整性。

第二，新发展格局下需要国内保持适度的冗余生产能力，维护产能储备安全。在极端情况下依旧能够保持经济系统安全运行，是构建自主、可控的现代产业体系的第一要求。这一要求就需要在现代产业体系中保持适当的冗余生产能力，可以在极端情况下及时弥补市场缺口，避免经济系统遭到过大的冲击。这种冗余生产能力对于资源的有效利用是不利的，更会影响企业的收益，但却可以最大限度地保证经济系统的整体稳定。尤其是在关系到国计民生的关键行业中，维持适当的产能储备至关重要。这种冗余的产能储备任务也只能由国有企业承担，并分别储备在诸多国有企业当中，从而分散风险，避免某些企业负担过重。而产能储备量的多少，要根据产品生产周期和特性区别对待，其分布行业、分布地区、储备规模需要由专业部门进行评估测算，最大限度地平衡产能储备与资源利用效率的问题。另外,通过技术储备、设备储备、人才储备和产品的战略储备来实现冗余产能的储备,也可以从另一方面缓解资源稀缺与产能冗余的矛盾。

第三,加大关键产业投资力度,解决现代产业体系面临的瓶颈。新发展格局下建立的现代产业体系,是一个能够通过满足市场需求实现流畅循环、自我发展、自我结构调整的体系。但现在这个体系还存在诸多堵点,很多关键产业的整体产业链还没有完全打通,从微观层面看,依靠市场主体的力量自发完成需要漫长的过程和时间,但新发展格局的形成恰恰缺少足够的时间,必须进行超常规的跨越式发展,需要采取有力的措施,在最短的时间内快速孵化出一个完备的、平稳运行并自我提升的现代产业体系。因此,国有企业要有所担当,加大在关键产业上的投资力度。在新材料、新能源、高端装备制造、信息技术、生物产业、医药制造、医疗设备、医疗服务等诸多方面,尽管我国企业取得了一定的成绩,但与国外顶尖厂商相比还存在着巨大的差距,拥有技术与资金优势的国有企业是这些领域的领头羊与主力军,要持续加大在这些领域的投资力度,并做好创新失败、投资损失的准备,以求在最短的时间内实现突破,实现在现代产业体系中"瓶颈环节"的自主、可控。

5. 维护经济可持续发展安全。建立在新发展格局下的现代产业体系,必须是一个能够保持增长潜力,维护经济可持续发展的系统。新发展格局是针对中国经济发展未来可能面临的问题进行的前瞻性布局,其根本目的是在某些极端情况下依旧可以保障经济的活力与持续发展,而这一格局可能会在未来数十年内成为常态。因此，必须以国内大循环为主体，现代产业体系必须为新发展格局的长期持续运行服务。这就要求在现代产业体系构建的过程中注重经济的可持续发展，实现短期效益与长期效益的均衡，在经济增长的过程中不断增加经济的潜力与活力，实现经济效益与生态效益的统一，不仅不会损耗经济发展潜能，还可以不断蓄积未来经济发展的动能，让经济系统具备在未来某段时期快速扩张的能力。要实现这一要求，就必须充分发挥国有企业在经济可持续发展方面的促进作用，协调经济系统内部经济与生态、短期利益与长远发展的矛盾。

与私营企业的企业收益或股东收益最大化的目标相比，国有企业的目标是社会福利最大化，这就可以让国有企业更具备平衡自身经济效益与社会总福利提升之间矛盾的能力，也可以让国有企业放弃短期利益而进行长期规划。"碳达峰"、"碳中和"、新能源开发利用、水土保持、资源有序利用、资源开发储备等各种有利于未来经济持续发展的措施，如果单纯在市场经济体系下运行，是完全不可行的。这些措施都会损害短期效益并且会造成企业盈利能力大幅下降，而行政手段只能限制其行为，却无法鼓励企业在这些盈利能力弱的行业内长期投资。但这些方面又是现代产业体系必不可少的。所以，鼓励国有企业在这些方面大力投资来实现国有企业的目标，是在企业这一微观层面上实现经济可持续发展的主要措施。

第三节 为国有企业确保我国经济安全发展提供必要的制度支持

在新发展格局下,国有企业经营的目标已经出现了大幅的改变。改革开放后,国有企业所有的改革措施都是以提高经济效益为首要目标,效率原则成为第一追求要素。但随着中国经济体量增大和国有企业经营能力与经济效益的提升,面对国际经济环境剧烈变化,公平原则已经成为中国经济和国有企业未来相当长一段时期追求的首要目标。因此,在新发展格局下,国有企业要在建立现代产业体系中发挥出以公平为主的作用,就需要在内外部制度支持上做出相应的改变,让国有企业更加适应未来一段时期的发展方向与发展战略的调整。

一 国有企业内部制度支持的建设

在过去数十年的国有企业改革中,国有企业无论在企业制度还是评价指标体系上,都出现了不断追求效率的发展趋势。而在新发展格局下,国有企业要能够有效地发挥其在构建现代产业组织体系中的作用,就必须对整体的内部制度框架进行重构,在最大限度地保障公平的过程中实现生产效率最优化,弱化对经营业绩的要求,更好地实现社会福利最大化。这主要体现在国有企业内部的管理目标转变以及由此带来的评价指标体系的转变。当然,这样的目标转变不是要将国有企业现行的管理制度完全变换,而是在目标导向的基础上,有针对性地进行改革，避免对以往的改革成果造成过大冲击。

首先，内部制度转变要建立在国有企业分类改革的基础上。对于不同类型的国有企业，有针对性地进行相应的内部制度设计。这要求分类改革要更加细化，不仅仅要根据企业集团所处的行业性质归类，甚至要针对集团内某一企业的具体主营产品及服务的目标顾客进行划分，尽力做到在公平的基础上提升效率。

其次，内部制度转变主要的重点在于国有企业衡量指标的改革。这方面的改革主要有：企业经营效益的评价及企业管理者业绩的评价。对于国有企业经营效益的评价，要在分类制改革的基础上，设计出对社会总福利提升能力的评价体系。根据国有企业提供产品及服务的不同，在企业经营业绩、吸纳劳动力、产业波及能力、产业链维护程度、对经济系统的影响力及掌控力、职工工资福利、管理层工资福利、社会责任承担、政策性目标执行度等多个大类中给予不同的权重，各种大类又可以根据实际行业不同而进行小类别的数量化评价，最大限度地完善国有企业经营效益评价指标体系，让国有企业经营目标符合社会福利最大化的特点。同时，在设计评价指标体系的时候，要注重国有企业"质"与"量"的变动，即管"资产"与管"资本"并重。过去的一段时间，对国有企业的管理逐渐向"资本管理"倾斜，这主要是出于加强国有企业对经济效益目标的追求。但从经济系统尤其是新发展格局的目标导向上看，维护中国经济的安全发展要求国有企业具有两个特性：庞大的总量与合理的结构。前者是资本，而后者是资产。二者相辅相成，缺一不可。但庞大的资本不代表拥有强大的实业生产能力，也不一定会带来强大的控制力；而强大的生产能力必然会带来资本的增长和控制力的提升，因此，在新发展格局下，企业的经营目标更应该注重"质"的提升，用资产结构的调整来增强企业的控制力，促进企业盈利能力的提升，让资本为实业生产服务。另外，由于企业经营目标评价体系出现变动，对于国有企业经营者的评价体系也必然出现相应的变化。国有企业经营者的主要评价指标不再是企业的盈利能力，而是在分类改革的基础上进行指标的细化，从管理岗位出发，按照对社会总福利提升程度进行评价，重新设计出评价指标的权重，让国有企业在重视效率的同时更注重实现公平。

最后，随着对国有企业经营效益和管理者评价指标体系的重新设计，国有企业内部的经营管理机制也必须变革。需要给国有企业管理者更高的经营决策自由度。尤其是竞争性和开拓型行业中，要鼓励国有企业按照市场化原则进行扩张，也要允许国有企业有试错的机会，激发国有企业管理者的经营热情，鼓励更多的国有企业企业家涌现。在一定程度内，企业可以根据自己经营的客观情况决定职工福利的上限与下限，要合法保护职工应有的权利，避免依靠削减职工福利等方式降低成本的行为，避免各种依靠压榨职工来获取利润的经营行为，即避免国企管理的"私企化"。

二 外部制度支持的建设

要确保国有企业在新发展格局下发挥作用，必须拥有一个良好的外部制度支持。

首先，要有一个公平的、充满竞争活力的社会主义市场经济体系。在过去一段时间内，国有企业因为各种原因不断从各个行业收缩，直到现在，主要集中在涉及国计民生的行业内。在绝大部分竞争性行业内，国有企业几乎被束缚住手脚，无法与其他所有制企业进行充分竞争。这主要是因为很多主管部门在干涉国有企业经营决策的过程中，下意识地认为某些行业国有企业是不需要进入的，哪怕这些行业出现了好的市场机会，也需要在"市场化"的名义下让给私营企业。这主要是源于某些主管部门领导对市场竞争理论的错误认识，下意识中将国有企业与市场竞争对立起来，这种人为扭曲市场竞争的行政干预已经违背了市场主体竞争公平的原则，更是造成了因所有制资产结构失衡而导致的劳动者福利损失。因此，要在竞争公平的原则下放开对竞争性国有企业的市场决策管制，从所有制层面鼓励不同所有制企业竞争，以实现劳动者福利的提升，用竞争来促进市场运行的"公平"。

其次，在新发展格局下，政府需要发挥更多的作用，促进内循环与外循环的全面运行。在作为主导的内循环上，政府需要根据不同产业的发展要求，从宏观层面设计出合理的产业政策，促进相关产业快速发展，尤其是对某些需要国有企业发挥主导作用的先导产业，更要重点扶持，降低企业的技术开发和市场开发风险。在外循环方面，国有企业往往面临着非市场化因素的干扰，政治风险甚至成为近期的主要风险。而企业是无法与国家政权的决策进行对抗的，这种不对等的干扰因素让国有企业在促进外循环实现的过程中举步维艰。国家需要针对不同的非市场风险类型尤其是政治风险，利用政治力量对企业的市场行为进行保护,用国家的行政能力削减国际化过程中非经济因素影响,最大限度地保证企业经营行为的维系。

最后,成立政策性产业投资银行和国有实业投资公司,有针对性地对产业链薄弱和缺失的环节进行政策性投资支持。二者都属于不以营利为目的的国有金融机构。政策性产业投资银行负责所需资金的供给和投资结果的监督,国有实业投资公司则负责相关投资项目的选择和运作,二者构建出一个彼此支撑、彼此约束的体系。国有实业投资公司可以在专业化团队的决策下,针对新发展格局下现代产业体系中的产业链构成的薄弱程度分级评测,再根据分级后的重要程度进行产业投资,以股东和投资者的身份参与到企业或项目的管理中。投资可以是支持既有企业的发展壮大,也可以是设立新的企业,从无到有地进行市场开拓,总体目标是实现现代产业体系的安全、可控。同时,针对因为产业转移而造成产业体系完整度、饱和度受损的环节,可以通过产能储备和技术开发等方式进行投资,做到未雨绸缪。政策性产业投资银行根据国家相关政策法规对国有实业投资公司的投资项目进行评估,对投资过程和投资效果进行监管,根据紧迫性、合理性、效益性的原则,构建一个新发展格局下社会总福利提升指标体系,按照投资公司申请的项目是否有利于社会总福利提升以及提升程度对项目进行审核与监管。它们的投资范围仅限于实业投资,投资目标以国有企业为主但不局限于国有企业,这一系统的最终目的是维护中国产业链的安全可控,保持全产业链构成的核心竞争力,维护新发展格局的持续稳定运行。

参考文献

习近平：《把握新发展阶段，贯彻新发展理念，构建新发展格局》，《求是》2021年第9期。

习近平：《国家中长期经济社会发展战略若干重大问题》，《求是》2020年第21期。

习近平：《深入理解新发展理念》，《求是》2019年第10期。

中共中央文献研究室：《习近平关于科技创新论述摘编》，中央文献出版社2016年版。

白越峰：《稳定国有企业人才队伍的对策举措》，《现代国企研究》2019年第12期。

包炜杰：《新发展阶段国有企业的创新驱动发展》，《福建师范大学学报》（哲学社会科学版）2021年第6期。

陈文健：《当好高水平科技自立自强的国家队》，《学习时报》2021年11月10日。

工信部：《清醒认识我国制造业创新短板 130多种关键基础材料32%在中国为空白，52%靠进口》，《中国有色金属报》2018年8月13日。

何立胜、陈元志：《国有企业创新发展状况与高管认知》，《改革》2016 年第 12 期。

洪银兴：《围绕产业链部署创新链——论科技创新与产业创新的深度融合》，《经济理论与经济管理》2019 年第 8 期。

黄群慧、倪红福：《基于价值链理论的产业基础能力与产业链水平提升研究》，《经济体制改革》2020 年第 5 期。

黄群慧：《新发展格局的理论逻辑、战略内涵与政策体系——基于经济现代化的视角》，《经济研究》2021 年第 4 期。

黄群慧：《中央企业在国家创新体系中的功能定位研究》，《中国社会科学院研究生院学报》2013 年第 3 期。

黄泰岩：《把握新时代国企改革方向》，《企业管理》2021 年第 12 期。

江金权：《把握构建国内大循环的着力点》，《学习时报》2021 年 1 月 25 日。

姜付秀、王莹、李欣哲：《论国有企业的企业家精神》，《中国人民大学学报》2021 年第 5 期。

康宇航：《大型国有企业创新问题现状调查》，《国有资产管理》2020 年第 7 期。

黎峰、曹晓蕾、陈思萌：《中美贸易摩擦对中国制造供应链的影响及应对》，《经济学家》2019 年第 9 期。

李万：《加快提升我国产业基础能力和产业链现代化水平》，《中国党政干部论坛》2020 年 1 月 19 日。

李燕：《夯实产业基础能力 打好产业链现代化攻坚战》，《中国工业报》2019 年 9 月 12 日。

李毅中：《努力提升工业基础能力和产业链水平》，《中国工业报》2020年1月15日。

李政：《"国企争议"与国有企业创新驱动转型发展》，《学习与探索》2012年第11期。

李政：《国有企业提高自主创新能力的制约因素与驱动机制》，《学习与探索》2013年第7期。

李政、王思霓：《产业链安全风险评估与预警监测体系构建研究》，《创新科技》2022年第1期。

李政、王思霓：《国有企业提升产业链现代化水平的理论逻辑与实现路径》，《学习与探索》2021年第8期。

李政：《新时代增强国有经济"五力"理论逻辑与基本路径》，《上海经济研究》2022年第1期。

李政：《增强国有经济创新力的理论基础与实现路径》，《政治经济学评论》2020年第2期。

李政、彭华岗等：《中国国有经济发展报告（2013—2019）》，经济科学出版社2020年版。

李政、彭华岗等：《中国国有经济发展报告（2021）》，经济科学出版社2021年版。

李政主编：《中央企业自主创新报告（2020）》，社会科学文献出版社2020年版。

李政、张爽：《习近平新时代国有经济论述生成逻辑、理论体系与时代价值》，《政治经济学研究》2021年第2期。

李政、周希禛：《国有企业创新功能的理论逻辑与实现路径》，《当代经济研究》2020年第8期。

刘瑞华：《推进产业基础高级化产业链现代化》，《黑龙江日报》2020 年 11 月 28 日。

刘钰：《经济国际化中的国有企业创新平台构建》，《理论探讨》2003 年第 4 期。

刘志彪：《产业链现代化的产业经济学分析》，《经济学家》2019 年第 12 期。

刘志彪、凌永辉：《论新发展格局下重塑新的产业链》，《经济纵横》2021 年第 5 期。

吕本富：《从平台经济到平台经济学》，《财经问题研究》，2018 年第 5 期。

罗仲伟：《如何理解产业基础高级化和产业链现代化》，《光明日报》2020 年 2 月 4 日。

綦好东、彭睿、苏琪琪、朱炜：《中国国有企业制度发展变革的历史逻辑与基本经验》，《南开管理评论》2021 年第 1 期。

盛朝迅：《推进我国产业链现代化的思路与方略》，《改革》2019 年第 10 期。

时杰：《国有企业在构建新发展格局中关键作用：增强产业链与供应链可控能力》，《现代国企研究》2021 年第 3 期。

王宏波、曹睿、李天姿：《中国国有资本做强做优做大方略探析》，《上海经济研究》2019 年第 7 期。

王建：《天价"洋种子"背后的种业之痛》，《经济参考报》2021 年 4 月 22 日。

王绛：《国企要在维护产业链安全中发挥战略支撑作用》，《经济参考报》2021 年 2 月 1 日。

王再进、杨洋：《国有企业作为技术创新主体对策研究——基于对2212家企业的抽样调查分析》，《自然辩证法研究》2016年第6期。

肖红军：《国有企业社会责任的发展与演进：40年回顾和深度透视》，《经济管理》2018年第10期。

肖红军：《推进国有经济产业布局优化和结构调整的方法论》，《改革》2021年第1期。

肖亚庆：《以改革创新开放合作锻造国有企业竞争力》，《支部建设》2018年第29期。

谢莉娟、王晓东、张昊：《产业链视角下的国有企业效率实现机制——基于消费品行业的多案例诠释》，《管理世界》2016年第4期。

谢玮：《工业互联网：制造业数字化转型的"金手指"》，《中国经济周刊》2020年第20期。

叶静怡、林佳、张鹏飞、曹思未：《中国国有企业的独特作用：基于知识溢出的视角》，《经济研究》2019年第6期。

余永定：《准确理解"双循环"背后的发展战略调整（下）》《财经》2021年第1期。

臧培华：《提升产业链现代化水平》，《光明日报》2021年5月19日。

翟绪权：《关于新时代中国国有经济布局优化的思考——基于马克思产业思想的研究》，《思想理论教育导刊》2021年第9期。

张春晓：《中央企业引领高水平的科技自立自强》，《国资报告》2021 年第 3 期。

张航燕：《国有经济布局优化的成效与调整取向》，《河北经贸大学学报》2021 年第 5 期。

张辉：《高质量发展视角下国有制造企业绿色创新升级路径研究——以晨鸣纸业案例为例》，《济南大学学报》（社会科学版）2020 年第 4 期。

张琳：《新形势下国有企业人才队伍建设》，《人才资源开发》2022 年第 4 期。

中国社会科学院经济研究所课题组、黄群慧：《"十四五"时期我国所有制结构的变化趋势及优化政策研究》，《经济学动态》2020 年第 3 期。

种项戎、胡乐明：《直面贸易保护主义的我国产业链——论拓展市场与深化分工的必要性》，《开放导报》2020 年第 2 期。

后　　记

本书为中国社会科学院国有经济研究智库2020—2021重点课题"国有企业在构建新发展格局中的作用研究"资助成果之一。

"国有企业在构建新发展格局中的作用研究"课题是由中国社会科学院经济研究所和国家能源投资集团共同承担。该课题邀请全国知名高校、科研单位的专家学者共同组成研究团队，围绕如何在构建新发展格局过程中更好发挥国有企业作用这一主题进行深入研究（课题组成员的名单附后）。

课题立项后，中国社会科学院经济研究所与国家能源投资集团等单位高效协作，积极组织推动课题各项工作，取得了丰硕的研究成果，一批学术论文发表在顶级研究期刊，多篇要报要参获得中央、部委等领导同志批示。在研究过程中，国家能源投资集团也组建了专门的研究团队，参与了课题研究工作，为课题顺利完成做出了积极贡献，这里特别表示感谢！

"国有企业与构建新发展格局"研究丛书作为本课题的重要成果，共分为五册，分别为总论卷《新发展格局下的国有企业使命》，卷一《理解新发展格局》，卷二《国有企业与畅通经济双循环》，作为卷三的本书《国有企业与建设现代产业体系》，卷四《国有企业与促进共同富裕》。本书各章执笔为吉林大学研究团队的李政（现为辽宁大学教授）、白津夫、张炳雷、杨思莹、王思霓、花秋玲、张旭、赵儒煜、王一钦、刘丰硕等。中国社会科学院经济研究所张弛参与了本书的编写、校对工作。本书各章有些内容已以学术论文方式公开发表，特此说明。

附：课题组成员名单、国家能源投资集团参与课题研究成员名单

课题组成员名单

黄群慧　中国社会科学院经济研究所所长、研究员

张　弛　中国社会科学院经济研究所助理研究员

汤铎铎　中国社会科学院经济研究所研究员

赵伟洪　中国社会科学院经济研究所副研究员

续　继　中国社会科学院经济研究所助理研究员

郭冠清　中国社会科学院经济研究所研究员

胡家勇　中国社会科学院经济研究所研究员

陈　健　中国社会科学院经济研究所副研究员

杨耀武　中国社会科学院经济研究所副研究员

黄志刚　中国社会科学院经济研究所助理研究员

刘学梅　吉林财经大学副教授

孙永强　中央民族大学副教授
邓曲恒　中国社会科学院经济研究所研究员
刘洪愧　中国社会科学院经济研究所副研究员
王　琼　中国社会科学院经济研究所副研究员
倪红福　中国社会科学院经济研究所研究员
倪江飞　中国社会科学院经济研究所博士后
田　野　湘潭大学商学院博士研究生
王文斌　中国社会科学院大学经济学院硕士研究生
林　盼　中国社会科学院经济研究所副研究员
熊昌锟　中国社会科学院经济研究所副研究员
王　瑶　中国社会科学院经济研究所副研究员
李连波　中国社会科学院经济研究所副研究员
朱　妍　上海社会科学院社会学研究所副研究员
孙　明　同济大学社会学系主任、副教授
付敏杰　中国社会科学院经济研究所副研究员
陆江源　国家发改委宏观经济研究院经济研究所副研究员
侯燕磊　国家发改委宏观经济研究院经济研究所助理研究员
李　政　吉林大学中国国有经济研究中心主任
张炳雷　吉林大学中国国有经济研究中心副教授
白津夫　吉林大学中国国有经济研究中心专家委员会主任
宋冬林　吉林大学中国特色社会主义政治经济学研究中心主任
刘　瑞　中国人民大学经济学院教授

赵儒煜　吉林大学东北亚学院教授
花秋玲　吉林大学经济学院教授
王　婷　吉林大学经济学院副教授
张东明　吉林大学中国国有经济研究中心副教授
杨思莹　吉林大学经济学院副教授
尹西明　北京理工大学军民融合发展研究中心副主任
张　旭　吉林大学经济学院博士后
王思霓　吉林大学经济学院博士研究生
陈　茜　吉林大学经济学院博士研究生
王一钦　吉林大学经济学院博士研究生
刘丰硕　吉林大学经济学院博士研究生
李善民　中山大学副校长、教授
申广军　中山大学岭南学院副教授
王彩萍　中山大学国际金融学院教授
徐　静　中山大学国际金融学院副教授
郑筱婷　暨南大学经济学院副教授
柳建华　中山大学岭南学院副教授
张　悦　中山大学国际金融学院助理教授
张一林　中山大学岭南学院副教授
姜彦君　中山大学高级金融研究院博士生
黄建烨　中山大学国际金融学院博士生
黄志宏　中山大学管理学院博士生
楠　玉　中国社会科学院经济研究所副研究员
贺　颖　中国社会科学院经济研究所助理研究员

祁瑞华　大连外国语大学语言智能研究中心教授

李琳瑛　大连外国语大学语言智能研究中心教授

梁艺多　大连外国语大学语言智能研究中心副教授

刘彩虹　大连外国语大学语言智能研究中心副教授

王　超　大连外国语大学语言智能研究中心副教授

李珊珊　大连外国语大学语言智能研究中心讲师

郭　旭　大连外国语大学语言智能研究中心讲师

于莹莹　大连外国语大学语言智能研究中心讲师

赵　静　大连外国语大学语言智能研究中心讲师

国家能源投资集团有限责任公司

刘国跃　国家能源投资集团有限责任公司董事、党组副书记、总经理

宋　畅　国家能源投资集团有限责任公司企管法律部主任

李永生　国家能源投资集团有限责任公司企管法律部副主任

苟慧智　国家能源投资集团有限责任公司综合管理部副主任

邵树峰　国家能源投资集团有限责任公司企管法律部改革处经理

王宏伟　国家能源投资集团有限责任公司企管法律部改革处副经理

史　辰　国家能源投资集团有限责任公司企管法律部改革处高级主管

史卜涛　龙源（北京）风电工程设计咨询有限公司设计师

国电电力发展股份有限公司

耿　育　国电电力发展股份有限公司党委委员、副总经理

刘　全　国电电力发展股份有限公司总法律顾问、企业管理与法律事务部主任

祁学勇　国电电力发展股份有限公司综合管理部副主任

刘永峰　国电电力发展股份有限公司人力资源部副主任

马建信　国电电力发展股份有限公司专职董监事

杨春燕　国电电力发展股份有限公司企业管理与法律事务部高级主管

孙博格　国电电力发展股份有限公司综合管理部高级主管

袁祎昉　国电电力发展股份有限公司国际业务部副经理

张京艳　国电电力发展股份有限公司国际业务部高级主管

中共国家能源集团党校

周忠科　中共国家能源集团党校常务副校长

许　晖　中共国家能源集团党校副校长

孙　文　中共国家能源集团党校副校长

张忠友　中共国家能源集团党校党建研究部主任

郭水文　中共国家能源集团党校研究部高级研究员

国家能源集团技术经济研究院

孙宝东　国家能源集团技术经济研究院党委书记、董事长

王雪莲　国家能源集团技术经济研究院总经理、党委副书记

李俊彪　国家能源集团技术经济研究院党委委员、副总经理

毛亚林　国家能源集团技术经济研究院科研发展部主任

毕竞悦　国家能源集团技术经济研究院宏观政策研究部副主任

李　杨　国家能源集团技术经济研究院企业战略研究部高级主管

国家能源科技环保集团股份有限公司

陈冬青　科环集团党委书记、董事长

张晓东　科环集团党委委员、副总经理、工会主席

梁　超　科环集团朗新明公司党委书记、董事长

高权升　科环集团组织人事部（人力资源部）副主任

姜媛媛　科环集团科技管理部职员

栾　智　科环集团综合管理部（党委办公室）职员

中国神华煤制油化工有限公司

闫国春　中国神华煤制油化工有限公司党委书记、董事长

王淼森　中国神华煤制油化工有限公司工程管理部质量监督站站长

吴　江　中国神华煤制油化工有限公司企业管理与法律事务部副主任

曹伯楠　中国神华煤制油化工有限公司商务采购部副主任

李　艺　中国神华煤制油化工有限公司科技管理部副主任

国家能源集团物资有限公司

韩方运　国家能源集团物资有限公司一级业务总监

杨占兵　国家能源集团物资有限公司企业管理与法律事务部主任

张明惠　国家能源集团物资有限公司企业管理与法律事务部副主任

李　辉　国家能源集团物资有限公司组织人事部高级主管

严　蕊　国家能源集团物资有限公司企业管理与法律事务部职员

张兴华　国家能源集团物资有限公司企业管理与法律事务部职员